SCORPIO

PRIYA KUMAR

Ein Sadhu, zwei Esel und ich

Die unglaubliche Reise durch den Himalaya zu mir selbst

Roman

Aus dem amerikanischen Englisch
von Sabine Schulte

SCORPIO

MIX
Papier aus verantwortungsvollen Quellen
FSC www.fsc.org FSC® C014889

Die Originalausgabe erschien 2017 unter dem Titel »The Calling. Unleash Your True Self« bei Repro India Ltd., Navi Mumbai.
Published by arrangement with UnderCover Literary Agents, Köln

Vollständige Taschenbuchausgabe 2022

Scorpio, ein Imprint der Europa Verlage GmbH, München
Logoentwurf: Hauptmann und Kompanie, Zürich
Umschlaggestaltung: Danai Afrati, München
Umschlagmotiv: AdobeStock_119434924_210484kate.ai
Satz: Danai Afrati
Druck: Pustet, Regensburg
ISBN 978-3-95803-450-1

www.scorpio-verlag.de

Mom, du sorgst dafür, dass meine Welt
geordnet funktioniert, dafür danke ich dir.
Du bist mein Rettungsanker, du bist die Freundin,
die ich anrufe, und die erste Leserin,
die ich um ihre Meinung bitte, alles in einer Person.

»» ««

Sonu Nigam
Du bist meine Inspiration.
Du definierst Exzellenz neu.
Du bist die vollkommene Verkörperung
von Liebenswürdigkeit, Bescheidenheit
und Mitgefühl.

Inhalt

Vorwort:
Alle Antworten liegen in uns

Wir alle haben eine Berufung. Sie ist der Grund, warum wir hier auf der Erde leben. Wir alle haben in diesem Leben eine Aufgabe und sind bereit, jegliche Hindernisse zu überwinden, um sie zu erfüllen. Wir alle sind aus einem bestimmten Grund auf der Welt, der weit mehr umfasst, als zur Arbeit zu gehen und Geld zu verdienen.

Ich habe eine Pilgerfahrt in den Himalaya unternommen, und diese Reise war voller spiritueller Abenteuer und hat mich für immer verändert. Seit jeher hatte ich mir zwar die Frage nach dem Sinn meines Lebens gestellt, aber ich hatte mich nicht bemüht, nach diesem Sinn zu suchen. Daher hielt ich auch viele andere Menschen von ihrer Sinnsuche ab, denn wir sind alle miteinander verbunden – und das aus gutem Grund. Ohne Sinn ist das Leben belanglos. *Der Sinn steht an erster Stelle.*

Ein Sadhu, zwei Esel und ich schildert meine Begegnung mit der Kraft, die ich selbst bin. Meine persönliche

Berufung besteht darin, Tag für Tag meine Lebensaufgabe zu erfüllen, nämlich zu dienen, zu lieben und frei zu sein.

Arjuns Geschichte wird auch dir helfen, deine Berufung zu finden. Du brauchst nichts weiter zu tun, als hinzuhören, wenn du verletzt bist, innezuhalten, wenn du verwirrt bist, und deinem Herzen zur Wahrheit zu folgen, ganz gleich, wie schmerzhaft es dir erscheinen mag, dich damit auseinanderzusetzen.

Du stehst im Rampenlicht. Jetzt. Die ganze Welt wartet auf deine Herzensgüte, auf deinen Beitrag und auf deine Magie. Es gibt eine Lücke, die nur *du* ausfüllen kannst, es gibt ein Lied, das nur du singen kannst, und es gibt einen Ruf, auf den nur du allein Antwort geben kannst. Die Welt wartet mit offenen Armen auf das unermessliche Glück, das *du* bist.

Ich freue mich, dass ich Teil deiner Reise und deiner Berufung sein darf.

Das Ende ist der Anfang

Ich pfefferte mein Smartphone auf den Beifahrersitz und hämmerte mit der Faust auf dem Lenkrad herum. Dazu murmelte ich ein paar Flüche, einfach um Dampf abzulassen. Das Herz tat mir weh, und der Kopf wollte mir zerspringen.

Als ich den Wagen anließ, fiel mir auf, dass der Tank nur noch halb voll war. Mist. Ich stand auf dem Parkplatz meiner Firma und hatte eine Fahrt von über dreihundert Kilometern vor mir, von Delhi bis nach Shimla. Mein Boss hatte mir den Auftrag gegeben, mich dort mit einem Kunden aus den USA zu treffen und einen Deal über sieben Millionen Dollar mit ihm abzuschließen. Das war nicht ungewöhnlich, und als Marketingchef eines großen Medienunternehmens war ich häufig unterwegs. In letzter Zeit jedoch hatte ich angefangen, meinen Job und den Sinn und Zweck, den er in meinem Leben erfüllte, zu hinterfragen. Meine Aufgabe bestand darin, Abschlüsse im Wert von Millionen von Dollars für mein Unternehmen zu tätigen, aber für mich selbst sprang dabei nicht viel heraus. Allmählich staute sich der Frust über mein Schicksal immer mehr in mir an, aber die sechsstündige Fahrt würde mir helfen, den Kopf freizukriegen. Um Mitternacht würde ich in meinem Hotel in Shimla ankommen, und wenn ich dann einfach mal eine Nacht lang richtig gut schlief, war ich bestimmt für den Kampf mit einem weiteren Tag meines Lebens gerüstet.

Es war Montagabend, im Gegensatz zu den Wochenenden ein idealer Zeitpunkt, um in die Berge hinaufzufahren. Die Fahrt aus Delhi heraus war total easy, aber je näher ich den Bergen kam, desto stärker wurde meine Sehnsucht nach etwas ganz anderem. Ja, ich verspürte ein unbestimmtes Verlangen nach einer Katastrophe.

Wider besseres Wissen hatte ich Maya vor meiner Abfahrt noch vom Parkplatz aus angerufen. Ich hatte von ihr hören wollen, was in unserer Ehe eigentlich so schlimm gewesen war, dass sie jetzt mit ihren unverschämten Forderungen, falschen Anschuldigungen und angeblich zwingenden Gründen für eine Scheidung meine Zukunft und meine ganze Existenz zerstören wollte. Aber unser fünfminütiges Telefongespräch hatte nur ergeben, dass zwischen uns von Anfang an alles schiefgelaufen war.

Die Sonne war längst untergegangen, und das Grau des sich verdunkelnden Himmels bestimmte auch mein Lebensgefühl. Dann aber erwachten die Sterne aus ihrem Schlummer und mit ihnen auch die Nachttiere in den Wäldern zu beiden Seiten der schmalen Gebirgsstraße. Ich ließ die Wagenfenster herunter, damit mein Körper die Frische der Berge aufnehmen konnte. Die Straße war kaum befahren, so wie es an einem Montagabend zu erwarten war. Ein Gefühl von Einsamkeit hüllte mich ein. Mein Wagen trug mich durch die engen Kurven immer weiter bergauf. Ich musste mich beim Fahren sehr konzentrieren, denn falls ich mich ablenken ließ und nicht gut genug auf die Straße achtete, würde ich entweder an einer Felswand oder unten im Tal landen.

Während ich im Rückspiegel die leere Straße hinter mir betrachtete, biss ich frustriert die Zähne zusammen.

Mein Smartphone klingelte. Jay. Ich behielt die Straße im Auge und drückte mir das Telefon mit der Schulter ans Ohr. Jay war mein bester Freund. Seine positive Lebenseinstellung war ansteckend, und mit seiner Fröhlichkeit vermochte er mich selbst an den schlimmsten Tagen aufzuheitern.

»Maya kommt zurück«, versicherte er mir. »Sie leidet gerade an einem vorübergehenden Anfall von Gedächtnisverlust. Anscheinend hat sie vergessen, was für ein Juwel du bist. Wenn sie ihre emotionale Krise hinter sich hat, kommt sie wieder und entschuldigt sich. Dann musst du dich bloß fragen, ob du ihr verzeihen willst.«

Jays Optimismus verschlug mir die Sprache. Womit hatte ich seine Freundschaft verdient?

Ich war dankbar, dass es ihn gab. Früher war er Kommandeur bei der indischen Luftwaffe gewesen, und inzwischen interessierte er sich sehr für ökologische Landwirtschaft. Selbst zum falschen Zeitpunkt wusste er das Richtige zu sagen. In meiner auseinanderbrechenden Welt war Jay meine einzige Hoffnung. Sein feiner Humor und sein kluger Blick auf die Geschäftswelt und das Leben überhaupt waren ungeheuer wertvoll für mich.

Gerade als meine Laune sich gebessert hatte, gab die Tankanzeige mir neuen Anlass zur Sorge. In meiner Verzweiflung hatte ich ganz vergessen, in Delhi noch zu tanken. Bis nach Shimla waren es immer noch etwa hundert Kilometer, und dafür würde der Sprit nicht mehr reichen. Ein Blick nach vorn auf die Straße machte mir klar, dass die dunklen Berge kein Mitleid mit leichtfertigen Autofahrern hatten. Und zum Umkehren war es längst zu spät. Mir rutschte das Herz in die Hose.

Ich griff nach dem Smartphone, um die nächste Tankstelle zu suchen, aber ich hatte kein Netz. Das hasse ich an den Bergen. Gerade dann, wenn du telefonieren musst, kappen sie deine Verbindung zur Welt. Während ich wieder aufs Gas trat, hielt ich den Blick halb auf die Straße und halb auf die nicht vorhandenen kleinen Balken im Display gerichtet. Da ich selbst versagt hatte, sollte Google mir jetzt den Weg weisen.

Fünfzehn Kilometer später warnte die Tankanzeige mich, dass ich jetzt auf Reserve fuhr. Ich hatte immer noch kein Netz, vermutlich hatte es sich von meinem Handy scheiden lassen. Verdammter Mist! Noch ein paar Kilometer, und ich würde mitten in den Bergwäldern liegen bleiben. Auf der gewundenen Straße konnte ich weder vor noch hinter mir Fahrzeuge sehen. Die ganze Umgebung wirkte so öde und kalt wie die Kulisse eines Horrorfilms in einer schicksalhaften Nacht, in der ein Mensch sich verirrt, eine Panne hat oder sogar umgebracht wird.

Ich streckte mein Smartphone durch das immer noch offene Wagenfenster nach draußen und schwenkte es hin und her, um vielleicht doch noch ein Netz zu kriegen. Aber ich bekam keine Verbindung zur Welt. Der Wald, die Berge und mein Schicksal schienen im Weg zu sein. Ich wollte schon aufgeben, doch da sah ich im Rückspiegel Scheinwerfer durch die Baumstämme leuchten. Sofort schaltete ich die Warnblinkanlage ein, um anzuzeigen, dass ich Hilfe brauchte. Ein Lastwagen näherte sich. Mein Wagen fing an zu ruckeln, und am Stottern und Husten des Motors erkannte ich, dass er in den letzten Zügen lag.

»Nein! Ausgerechnet jetzt!« Ich pumpte mit dem Gaspedal, aber nach einem letzten Ruckeln ging der Motor aus. Mein Wagen rollte noch ein Stückchen weiter, dann blieb er stehen. Und im nächsten Moment fing er an, den steilen Berg rückwärts wieder hinunterzurollen.

»Nein!«, brüllte ich. Hinter mir führte die Straße kurvenreich bergab, und im Rückspiegel sah ich den Laster langsam, aber sicher näher kommen. Ich trat kräftig aufs Bremspedal. Mein Wagen schüttelte sich ein letztes Mal, und dann versagte auch die Bremse. Ich zog die Handbremse an, aber es war unmöglich, das Auto damit zum

Stehen zu bringen. Es rollte weiter rückwärts, und ich konnte nichts weiter tun als lenken, um es in der Spur zu halten. Da blinkte mein Smartphone auf. In der Millisekunde, in der ich mich nicht mehr auf die Straße konzentrierte, rollte mein Wagen in einem Bogen Richtung Straßenmitte. Ohne meine Bitte um Hilfe zu beachten, hatte der Lastwagenfahrer zum Überholen angesetzt. Er hatte es wohl so eilig, sein Ziel zu erreichen, dass er sich nicht von einem hilfsbedürftigen Mitmenschen aufhalten lassen wollte. Mit markerschütterndem Kreischen krachte mein Wagen erst gegen den Laster, der nach dem Überholen wieder auf meine Spur herüberwechselte, und wurde dann gegen die Felswand gedrückt. Ein Felsvorsprung schob sich durch meine Fahrertür, traf mein Bein und presste es gegen die Lenksäule. Der Lastwagen fuhr schwankend weiter, als wäre er genauso betrunken, wie sein Fahrer es offenbar war, und seine Rücklichter verschwanden hinter der nächsten Kurve. Auf die Felskante aufgespießt, blieb ich stehen. Doch einen Moment später riss mein Wagen sich mit lautem Knirschen los und rollte weiter rückwärts bergab.

Starr vor Schreck saß ich hinter dem Lenkrad. Als einziger Zeuge des Unfalls sah ich meinen Körper im Wagen sitzen, ich sah den Laster beschleunigen, ich sah meinen Wagen rückwärts die schmale Straße hinuntergleiten. Ich sah etwa zehn Meilen entfernt zwei Autos, die in meine Richtung fuhren. Ich sah das Tal und eine Felswand, die fünfzehnhundert Meter tief abfiel. Ich sah das Blut auf meinem Bein. Ich sah die Verletzung an meinem Knie. Ich sah die Wunde an meinem Kopf und das Blut, das in mein Haar sickerte und über meinen Nacken rann. Ich fühlte mich wie losgelöst von meinem Körper, fast als würde ich ihn von außen betrachten.

Mein Wagen rollte erst langsam und wurde dann immer schneller. Er prallte gegen den steinernen Wegweiser am Straßenrand, auf dem *Shimla 80 km* stand, und blieb mit einem Ruck stehen. Blech kreischte, und dann bewegte das Fahrzeug sich ganz langsam auf den Abgrund zu. Ich hatte die Augen offen, nahm aber mehr wahr, als sie sehen konnten. Mein Körper war taub, als hätte er sich schon darauf vorbereitet, die Schmerzen auszublenden, die seiner Zerstörung vorangehen würden. Der Wagen kippte über die Kante, und die Räder schlugen irgendwo auf, sodass ich gegen die Windschutzscheibe flog. Dann stürzte das Auto ins Tal hinunter. Bei jedem Aufschlagen knallte ich mit dem Gesicht abwechselnd auf das Armaturenbrett und die Windschutzscheibe und meine Halswirbel knackten und knirschten.

Mit einem letzten Krachen blieb das Auto schließlich liegen. Ich holte noch einmal Luft, und dann verschlang mich die Dunkelheit der Berge.

»» ««

Als Erstes nahm ich ein Summen wahr, es klang fast wie ein leiser Singsang. Dann hörte ich dumpfe Schläge. Mit einiger Anstrengung öffnete ich meine blutverklebten Augen. Vor mir tanzten verschwommen Bilder von einem Baum und von Gestalten, die sich bewegten. Dann verschwanden sie wieder in pechschwarzer Finsternis.

Lebte ich noch?

Ich merkte, dass fremde Hände meine Arme, meinen Hals und mein Gesicht abtasteten. Die Hände fühlten sich eisig an, so als würde jede Berührung meine Aufmerksamkeit wieder zurück auf den Körper lenken. Dabei wollte ich mich doch endlich von den Schmerzen befreien, von all den Schmerzen, die sich in meiner Welt eingenistet hatten. Gerade eben hatte ich ganz knapp einen Unfall überlebt, und jetzt hatte ich nur noch den sehnsüchtigen Wunsch zu sterben.

Unter meinem Kopf spürte ich nasses Gras, und ich roch feuchte Erde. Ich tat mein Bestes, um zu verhindern, dass ich richtig zu mir kam, denn das Bewusstsein würde seinen treuen Freund mitbringen, den Schmerz. Aber so gern ich auch tot gewesen wäre, ich hatte es offenbar nicht in der Hand, das zu entscheiden. Meine Augen öffneten sich erneut, und mein Blick fiel auf eine riesenhafte graue Gestalt, die sich über mich beugte.

»Zufall das Leben,
Zufall der Tod.
Umnachtung
An beiden Polen.
Für das Leben verloren,

Für den Tod verloren.
Unwissen siegt,
Wenn die Seele sich verstellt.
Wach auf,
Befreie dich,
Alles ist Illusion.
Und du kannst dich entscheiden, die Wahrheit zu sehen.
Erkenne dich selbst,
Erinnere dich, hol dich zurück.
Für das, was du geworden bist,
Trifft dich allein die Schuld.«

Die Worte fanden tief in mir Anklang, sie hypnotisierten mich fast. Sie drangen in meine Zellen ein und erweckten sie wieder zum Leben, und die Botschaft breitete sich langsam in meinem ganzen Körper aus.

Etwas Schweres lastete auf mir. Ich sah ein graues, knochiges, hohlwangiges Männergesicht. Auf dem Hinterkopf trug der Mann einen Knoten, die typische Haartracht vieler Sadhus. Er schaute auf mich herunter. Die hell leuchtenden Sterne hinter ihm bildeten eine unwirkliche Kulisse. Mein Blick wanderte von seinem Gesicht zu seinen Beinen hinunter, zwischen denen mein Brustkasten eingeklemmt war. Warum saß dieser Sadhu, dieser angeblich heilige Mann, auf mir? War er verrückt? Oder dachte er, ich wäre tot? Führte er auf meiner vermeintlichen Leiche eine Art spirituelles Ritual aus?

Er sang den Vers immer und immer wieder, bis ich

schließlich hysterisch zu husten begann und den Sadhu damit von mir abschüttelte.

Das Chanten wurde lauter, und nun schritt eine ganze Schar Sadhus an mir vorbei, einige spazierten sogar über mich hinweg, stießen mich mit den Füßen hin und her und schienen weder meinen Zustand noch überhaupt meine Gegenwart zu bemerken. Ich war gerade wieder zum Leben erweckt worden, nur um jetzt in einem Massengetrampel zertreten zu werden.

Ich kauerte mich hin, wurde aber wieder der Länge nach ins Gras getreten. Ich wälzte mich auf den Bauch. Das Chanten erfüllte den Wald, während ein ganzes Heer von Sadhus über mich hinwegmarschierte. Manche traten mir auf den Rücken, andere auf den Kopf, und ein paar stolperten über meine Beine. Ich weiß nicht, wie lange diese Misshandlungen andauerten, ob es Sekunden, Minuten oder Stunden waren, aber irgendwann hörten sie auf. Ich war benommen, aber ich lebte.

»Du siehst nicht aus wie jemand, dessen Zeit abgelaufen ist.« Die Stimme ertönte aus der Stille heraus, die plötzlich die elektrisch aufgeladene Atmosphäre im Wald beruhigt hatte. »Du siehst aus, als sollte dein Leben sich ganz bald ändern«, sagte der Sadhu, während er mich auf den Rücken drehte. Er sagte es mit dem unheimlichsten Lächeln, das ich je gesehen hatte.

»» ««

Ich hatte die Orientierung verloren. Mein Nacken war gefühllos und steif. Als ich mit großer Anstrengung den Blick zur Seite wandte, sah ich meinen Wagen. Er war gegen einen Baum gekracht und nur noch halb so lang wie vorher – eine schöne schwarze Limousine war zu einem Kleinwagen zusammengedrückt worden.

»Lass mal sehen, was wir hier haben.« Der Sadhu beugte sich über mein Bein und hob es an. »Gebrochen«, sagte er mit einem leisen Lachen.

Ich stellte mir den Schmerz vor, spürte ihn aber nicht. Doch schon bald würde der Schock nachlassen, und ich würde mir wieder wünschen, ich wäre tot.

»Schulter ausgekugelt, multiple Kopfverletzungen, Genickbruch.« Er strich mit der Hand über meinen Körper und spulte einen vollständigen Bericht über meinen Zustand ab.

»Drohendes Nierenversagen«, fuhr er fort, »ein paar Herzklappenstenosen, die Bauchspeicheldrüse ist am Ende, die Lungen sind überlastet, die neuronale Koordination ist gestört.« Ganz erschrocken über seine eigene Diagnose, hielt der Sadhu inne. »Es wäre besser gewesen«, sagte er dann, »wenn du bei dem Unfall gestorben wärst. Jetzt überlässt du es deinem Körper, dich rauszuwerfen.«

Er hob mich hoch und lehnte mich an einen Baum, sodass ich aufrecht saß.

»Ich will nicht mehr leben«, wimmerte ich. Ich hatte nicht vorgehabt, mich umzubringen, aber jetzt, da ich dem Tod so nahe war, erschien mir das Sterben als bessere Alternative. Weiterzuleben hätte nur bedeutet, mich mit dem Elend auseinandersetzen zu müssen, das mich auch weiterhin auf Schritt und Tritt erwarten würde.

»Warum bist du mir denn dann vor die Füße gefallen?« Der Sadhu sah mich finster an. Er war schlanker als das magerste Model, das ich je gesehen hatte. Um die Hüften hatte er sich ein kleines Tuch gebunden, und um den Hals trug er mehrere Gebetsketten aus Rudraksha-Perlen. Seine Augen waren riesengroß. Das Mondlicht, der finstere Wald und der Qualm, der unter der Haube meines zertrümmerten Autos aufstieg, schufen eine gruselige Atmosphäre. Und ausgerechnet hier begegnete ich einem Sadhu, einem vermeintlich heiligen oder »guten« Mann. Es hieß, Sadhus bildeten die Brücke zwischen der materiellen und der geistigen Welt.

»Ich war auf dem Weg nach Haridwar, wohin wir Sadhus alle pilgern. Du bist mir in die Quere gekommen und hast meine Reise unterbrochen. Wenn du nicht mehr leben wolltest, hättest du das nicht getan.« Er runzelte die Stirn.

»Sie können sich ruhig wieder auf den Weg machen«, murmelte ich kaum vernehmbar. Bei dem Zustand, in dem mein Körper sich befand, würde er noch vor Sonnenaufgang aufgeben und mich ein für alle Mal von der Verantwortung für mein Leben befreien.

»Der Tod ist keine Lösung, denn das Leben ist nie das Problem gewesen. Wie willst du ein Problem lösen, das nie existiert hat, du Idiot?« Mit einem Ruck richtete der Sadhu mein Bein gerade.

»Au«, brummte ich, weil ich mit Schmerzen rechnete, aber ich spürte keine.

»Wenn dir der Regen nicht passt, erhebe dich über die Wolken. Dass du den Regen verfluchst, lässt ihn nicht verschwinden, sondern er wird dich mit Sicherheit durchnässen. Wenn du das Leben verfluchst oder dir den Tod wünschst, verringerst du damit den Schmerz deiner Seele nicht. Es macht dich nur kleiner. Erhebe dich darüber. Betrachte den Schmerz von einer höheren, spirituellen Warte aus. Und wenn du diese Perspektive einmal gefunden hast, wird es nichts mehr geben, was du überwinden und lösen willst, denn dann spielt alles keine große Rolle mehr.« Der Sadhu riss an meinem Arm und drückte meine Schulter noch fester gegen die Baumrinde.

Mein Körper schien ihm ausgeliefert zu sein und meine Seele auch. Seine Worte drangen bis in mein tiefstes Inneres und prägten sich dort ein.

»Ich habe mein Leben verpfuscht«, bekannte ich. Unwillkürlich brach ich in Tränen aus. So hatte ich mein Leben noch nie betrachtet – aber ich war tatsächlich ein gebrochener Mann. Das konnte ich jetzt, da mein Körper auf sein Ende wartete, nicht mehr leugnen, ich musste es mir eingestehen.

»So wie alle anderen auch«, bemerkte der Sadhu unbekümmert. »Und das wirst du auch weiterhin machen – du wirst auch dein nächstes und dein übernächstes Leben verpfuschen, genauso, wie du es auch schon mit deinen vergangenen Leben gemacht hast.«

Ich hatte von den Sadhus gehört, von ihrer Lebensweise und dass sie der Welt entsagten, aber ich hatte noch keinen persönlich kennengelernt. Sie zeigten sich kaum in der Öffentlichkeit. Wenn sie irgendwo hinwollten, reisten sie nach Sonnenuntergang, zu Fuß.

»Du sitzt wirklich in der Patsche. Und solange du in deiner Situation festhängst, kannst du nichts daran ändern. Du musst dich über deine Situation erheben, nur dann kannst du sie betrachten und begreifen. Sonst wäre das, als wolltest du mitten in einem Wirbelsturm Ordnung schaffen. Das geht nicht.« Der Sadhu brach in Gelächter aus. Meine spirituelle Unwissenheit schien ihm großes Vergnügen zu bereiten.

»Wofür brauchst du das da?«, fragte er und deutet auf mein ramponiertes Auto.

»Um irgendwohin zu fahren«, sagte ich.

»Um irgendwohin zu fahren!«, rief der Sadhu höchst belustigt. Er hielt sich den Bauch und lachte sich schief. »Du steckst wirklich in der Klemme«, sagte er, nachdem er sich wieder beruhigt hatte.

»Du musst aufhören zu rennen. Das ist deine Aufgabe. Hör auf zu rennen. Hetzen, laufen, immerzu rennen.« Er riss die Augen auf und skandierte seine Worte in einem leisen, rhythmischen Singsang. »Rennen. Immerzu rennen.« Sein Gesicht nahm einen mürrischen Ausdruck an. »Keine Zeit zum Nachdenken. Keine Zeit zum Leben. Keine Zeit zum Lieben. Nur rennen.« Der Sadhu brummelte etwas vor sich hin und drehte dabei seinen Stab.

»Du musst aufhören zu rennen«, sagte er dann laut und packte mich mit festem Griff am Nacken. »Dein Traum – der Traum, den du aufgegeben hast.« Beim Sprechen kniff er die blutunterlaufenen Augen zusammen. »Er wird auf dich zukommen. Aber du darfst nicht mehr rennen.« Der Sadhu neigte den Kopf und schloss halb die Augen, als verfiele er in Trance. Mir war klar, dass er sich in die Zukunft hineinversetzte, und zwar in *meine* Zukunft, während ich selbst am Ende der Sackgasse meines Lebens an einem Baum lehnte.

»Dein Leben wird eine Wendung nehmen und dich in die Zukunft führen, die du dir immer gewünscht hast. Das Ende ist der Anfang. Der Anfang hat keine Vergangenheit, er hat nur eine Zukunft, die Zukunft, die du dir vorgenommen hast, ganz zu Beginn«, fuhr er fort. In seiner Trance umfasste er meinen Nacken und massierte die ausgerenkten Knochen an ihren Platz zurück. Ich spürte überhaupt nichts.

»Aber wie?«, krächzte ich. Nur mit Mühe gelang es mir, überhaupt einen Ton herauszubringen.

»Du bist anders«, sagte er mit einem Blick über seine Schulter. »Du bist nicht wie die gewöhnlichen Leute, deswegen leidest du. Du leidest, weil du geistig wach bist und weil du die Wahrheit erkennst. Du musst aufhören, bei dem Wettrennen da draußen mitzumachen. Bleibe deinem eigenen Ziel treu. Schaffe dir deine eigenen Regeln. Deine Zukunft wird so sein, wie du sie haben willst.«

Ich spürte, dass ein Energieschub von ihm ausging, der mich hypnotisierte und in eine von ihm gesteuerte Trance versetzte. Es war, als befände ich mich an einem Ort mitten zwischen Leben und Tod und als hätte ich mich noch nicht richtig entschieden, ob ich leben oder sterben wollte. Die Stimme des Sadhus schlug mich in Bann. Mein Kopf war ganz leer. Nach einer Weile jedoch hallten die Worte des Sadhus darin wider.

»Hier«, sagte er und knotete ein Tuch von seinem Stab ab. Er faltete es auseinander und breitete es über meine Beine, sodass es mir bis zum Bauch reichte. »Ruh dich aus«, befahl er.

»Danke, dass Sie mir das Leben retten«, antwortete ich. Ich war dankbar für seine Anwesenheit. Ob ich nun am Leben blieb oder hier umkam, sein Dasein und seine Fürsorglichkeit hatten mich tief berührt, wie eine göttliche Kraft. Vielleicht würde ich ins Leben zurückfinden, vielleicht in die nächste Welt hinübergehen, in jedem Fall aber würden seine Worte in meinem Bewusstsein haften bleiben und Beachtung und Nachdenken verlangen.

»Bedanke dich nicht bei mir. Dass du mir vor die Füße gefallen bist, dient mir dazu, mein Lebensziel zu erreichen. Die Dankbarkeit ist also gegenseitig.« Der Sadhu begann, ein violettes Band aus einer seiner Gebetsketten zu ziehen.

Mein Körper war nach wie vor bewegungsunfähig. Das eintrocknende Blut erzeugte um meinen Kopf herum ein Spannungsgefühl. Aber obwohl mein Körper schwerste Verletzungen erlitten hatte, verspürte ich keine Schmerzen. Noch nicht.

»Erhebe dich über die Wolken«, sagte der Sadhu, während er behutsam das violette Band aus seiner Rudraksha-Mala löste.

»Dieses Band wirst du«, er stupste mich am Handgelenk an, damit ich mich ganz auf seine Anweisung konzentrierte, »an eine Stange gebunden finden, die hinter dem Gurudwara Hemkund Sahib steht. Knote es ab. Damit wirst du dein Karma auflösen. Auch die Reue, die Schuldgefühle, die Verwirrung und die Selbstvorwürfe, die dich zurzeit quälen, wirst du damit überwinden, und du wirst alle Hindernisse beseitigen, die sich auf deinem Weg auftürmen. Du wirst deine Berufung finden, du wirst die Bestimmung finden, mit der du dieses Leben begonnen hast. Deine Welt wird sich zusammenfügen, so, wie es seit jeher beabsichtigt war. Knote dieses Band ab, dieses violette Band, das du an der Stange finden wirst, und dein Leben wird sich zu seiner ganzen Großartigkeit entfalten.« Der Sadhu tätschelte das tiefviolette Band, das er inzwischen fest um mein Handgelenk gewickelt hatte.

»Reue schadet dem Leben wie Termiten dem Holz. Sie kann dich auffressen.« Er sprang auf die Füße und stellte sich neben meinen reglosen Körper. »Und auch Verwirrung schadet dem Leben, so wie ein Parasit seinem Wirt. Sie kann dich auffressen.« Der Sadhu beugte sich nah zu meinem Gesicht hinunter, damit ich ihn gut sehen konnte. »Du darfst dein Leben und deine Seele nicht mehr an den Meistbietenden verkaufen, denn damit verkaufst du auch deine Familie, deine Träume und deine Bestimmung.« Er packte mich mit beiden Händen an den Wangen und schüttelte vorwurfsvoll meinen Kopf. »Hole sie zurück. Lass dich nicht zu einem Sklaven des Geldes machen. Werde zum Herrn deines Schicksals. Hör auf zu rennen. Fang an, dein Leben selbst in die Hand zu nehmen. Das hier ist das Ende. Und gleichzeitig ist es der Anfang.«

»Wie bitte? Warten Sie doch!« Ich verstand nicht, was er da sagte.

»Du darfst nicht mehr so tun, als wärst du unwissend. Du darfst auch nicht mehr darauf warten, dass andere dir sagen, wer du bist. Du hast von anderen erwartet, dass sie dir sagen, was du tun sollst, dass sie dir zeigen, was richtig ist, und dass sie dir erklären, was das Leben bedeutet und wer du sein solltest – aber das muss jetzt aufhören. Du siehst nicht aus wie jemand, dessen Zeit abgelaufen ist. Du hast hierhergefunden, auf meinen Pfad – es ist der Pfad der Erlösung. Du siehst aus, als sollte dein Leben sich schon sehr bald verändern.« Der Sadhu schlug mit seinem Stab mehrmals kräftig auf den Boden. Seine Hiebe ließen eine Staubwolke aufsteigen. Er hob sein Gesicht zum Himmel, ins Mondlicht, und seine ganze Gestalt wurde von unzähligen Staubfünkchen beleuchtet.

»Du hast dich verirrt, um dich selbst zu finden.
Das ist das Spiel müßiger Gedanken.
Hör auf zu lügen; das Spiel ging zu weit.
Erhebe dich, bekenne dich zur Wahrheit,
bevor alles zu spät ist.«

Während die Staubwolke sich drehte und sich immer dichter über mir zusammenzog, hörte ich wieder und wieder diese Worte. Und als die Staubwolke sich endlich senkte, war der Sadhu verschwunden.

»» ««

»Sahib!«

Mehrmals hörte ich ein Rufen, und dann spürte ich, wie jemand mich anstupste. Als ich mühsam die Augen öffnete, sah ich verschwommen und schwankend die Gestalt eines Jungen, der mir besorgt ins Gesicht schaute. Ich hörte das Meckern und das leise Getrappel von Ziegen. Sie kamen näher und versammelten sich um mich herum. Eine knabberte an meinem Fuß.

»Alles in Ordnung?«, fragte der Junge

Ich brauchte eine Weile, bis ich sein Gesicht deutlich sehen konnte. Durch die Äste der Bäume über mir leuchtete der blaue Himmel. Eine Ziege beschnupperte mein Gesicht. Ich spürte ihre feuchte Nase und ihren warmen Atem auf meiner Wange. Als der junge Hirte sie von meinem Kopf wegscheuchte, stieß sie ein Mä-hä-hä aus. Wieder schaute er mich prüfend an. Sein großer Kopf nahm mir fast die Sicht auf die Äste über mir.

»Alles in Ordnung?«, wiederholte der Junge. Er musste aus einem der Dörfer in der Umgebung stammen. Nun kam er mit seinem Gesicht noch näher und schnupperte. Er versuchte, am Geruch meines Atems zu erkennen, ob ich Alkohol getrunken hatte.

»Wo bin ich?«, fragte ich und bemühte mich aufzustehen. Ich war völlig erschöpft, meine Kleidung war total verdreckt, und ich war mit einem dünnen, mit Erde verschmierten Tuch zugedeckt. Am nächsten Baum lehnte mein Wagen, er stand senkrecht auf dem Kofferraum. Ich verstand das nicht. Das Auto konnte nur hierhergekommen sein, indem es von der Straße oben sechzig Meter tief heruntergestürzt war, eine andere Möglichkeit gab es nicht. Aber es hatte nicht einen einzigen Kratzer. Und auch ich hatte anscheinend keine Verletzungen, nicht einmal einen blauen Fleck. Erinnerungen an den Unfall, an den Sturz ins Tal und an den Sadhu strömten auf mich ein. Mit leerem Blick sah ich den Jungen an, während ich mir alles vergegenwärtigte, was mir vom Vorabend im Gedächtnis geblieben war. An meinem Unfall bestand kein Zweifel: Ich war von der Straße abgekommen und ins Tal gestürzt. Auch an meinem Nahtod-Erlebnis gab es keinen Zweifel, denn diesen Sturz hätte kein Mensch überleben können. Doch die Tatsache, dass mein Körper völlig unversehrt war, machte das Ereignis zu einer rätselhaften Geschichte, die mir niemand glauben würde. Der Sadhu hatte ein Wunder bewirkt. Er hatte mich wieder zusammengeflickt, er hatte mich geheilt. Ich wusste zwar, dass Sadhus übernatürliche Kräfte besaßen, aber dass sie einen zerschlagenen Körper innerhalb weniger Stunden gesund machen konnten, hätte ich niemals geglaubt. Die Tatsache, dass ich am Leben und unversehrt war, war jedoch der beste Beweis dafür.

»Der Sadhu«, flüsterte ich, während der Junge mich weiter anstarrte. Er ließ mir Zeit, mich zu orientieren und ihm dann zu erklären, wie ich hierhergekommen war.

Ich hob die Hand und schob meinen Ärmel zurück. Da war es – das violette Band, dreimal um mein Handgelenk geschlungen und mit drei Knoten versehen. Als ich die andere Hand darauf legte, wühlte ein unangenehmes Gefühl in meinem Bauch.

Du siehst nicht aus wie jemand, dessen Zeit abgelaufen ist. Du siehst aus, als sollte dein Leben sich ganz bald verändern.

Da waren die Worte des Sadhus wieder. Sie trafen mich wie eine Welle, die gegen einen Felsen anbrandet.

»»» «««

Ich saß in einem Lastwagen und schaute schweigend auf die Straße vor mir. Kein einziges Fahrzeug hatte angehalten, um mich nach Shimla mitzunehmen. Schließlich stoppte ein kränklicher Lkw-Fahrer, und als ich ihn bat, mich in Shimla abzusetzen, verlangte er Geld. Ich ersparte ihm die Einzelheiten meiner Nahtod-Erfahrung und sagte nur, mein Wagen sei liegen geblieben.

Mein Wagen lehnte immer noch unten im Tal an dem Baum, und ich hatte meiner Sekretärin aufgetragen, ihn zu unserem Büro in Shimla schleppen zu lassen. Dabei hatte ich insgeheim gehofft, sie würde mit Maya telefonieren und ihr von meinem Unfall berichten. Aber seitdem war schon eine Stunde verstrichen, und bisher hatten ausschließlich Kollegen angerufen, um sich nach meinem Befinden zu erkundigen. Mit unserem Kunden hatte ich einen neuen Termin für das Treffen abgemacht, sodass der Sieben-Millionen-Dollar-Deal nun erst in der nächsten Woche unter Dach und Fach gebracht würde, sehr zur Bestürzung meines Chefs.

Als wir am Unfallort vorbeifuhren, wurde mir flau im Magen. Die Kratzer an der Felswand waren frisch, doch niemand hatte sie beachtet oder sich gar Sorgen deswegen gemacht. Immer wieder betastete ich meinen Nacken und mein Bein und prüfte, ob die Berührungen schmerzhaft waren. Ich konnte einfach nicht fassen, dass ich heil und gesund war und nicht einmal blaue Flecken davongetragen hatte. In jeder Biegung hielt ich mich ängstlich am Sitz fest, und jedes Hupen in der Nähe ließ mich zusammenschrecken. Wenn ich in den Kurven den Abhang hinunter ins Tal blickte, wurde mir übel. Der Sadhu hatte zwar meinen Körper wieder zusammengeflickt, aber er hatte vergessen, dass ich durch den Unfall auch psychisch schwer mitgenommen war. Er hatte die körperlichen Folgen des Unfalls verändert, aber meine Erinnerungen daran waren ganz deutlich und quälten mich.

Am liebsten hätte ich Maya angerufen, aber ich fürchtete, ich könnte sie damit in ihrer Überzeugung, dass ich den Verstand verloren hatte, vielleicht nur bestärken. Auch mit Jay hätte ich gern telefoniert, aber ich war von meinem Erlebnis so überwältigt, dass ich einfach noch nicht wusste, wie ich meine Gefühle und den ganzen Vorfall in Worte fassen sollte. Außerdem hatte ich keine Ahnung, ob jemand anders das, was ich durchgemacht hatte, überhaupt verstehen konnte. Schließlich hatte ich einen nach menschlichem Ermessen tödlichen Unfall überlebt.

Vor meinem inneren Auge zog mein ganzes Leben vorüber. Es war, als würde ich einen Film über meine eigenen Handlungen, meine Entscheidungen, meine Ziele und meine Prioritäten sehen. Es ergab alles überhaupt keinen Sinn. Dieser Film war ein Flop. Drehbuch, Handlung, Dialoge, Schauspieler und der Sinn des Ganzen, alles war ein heilloses Durcheinander, und das Publikum wartete ungeduldig auf das Ende.

Meine Reue wog schwerer als meine Freude. Es gab zwar Situationen, die ich gemeistert hatte, aber öfter hatte ich versagt. Unterlassungen und Verschweigen waren häufiger gewesen als Handlungen und klare Worte.

Jetzt hatte ich jedoch eine zweite Chance erhalten, und mir war klar, dass ich nicht noch einmal so leben wollte.

Der Lkw-Fahrer ließ mich vor dem Bürohaus meiner Firma in Shimla aussteigen. Ich setzte mich auf ein Motorrad, das auf dem Parkplatz des Gebäudes stand. Mir war nicht danach, zur Arbeit zu gehen. Immer wieder betrachtete ich das violette Band, das der Sadhu um mein Handgelenk gebunden hatte.

Ich beobachtete, wie Kollegen ins Gebäude hineingingen und wie Leute aus meinem Team es verließen. Auch wenn ich nicht im Büro war, ging die Arbeit weiter. Wenn ich bei dem Unfall ums Leben gekommen wäre, würde man innerhalb von wenigen Tagen einen Ersatz für mich finden, und niemand würde sich daran erinnern, was ich gemacht hatte, niemand würde von den Opfern wissen, die ich gebracht, oder von den Krankheiten, die ich ertragen hatte, bloß damit die Arbeit erledigt wurde. Wie betäubt saß ich auf dem fremden Motorrad. Diese Arbeit war weder mein Traumjob noch meine Berufung und ganz bestimmt nicht der Sinn meines Lebens.

Ich wollte Erfolg haben. Ich wollte Leistung bringen. Aber allmählich hatte ich die Zahlen satt. Es gab ein Leben jenseits solcher Zahlen, und dieses Leben war an mir vorbeigegangen. Ich hatte in meinem Unternehmen eine bedeutende Position, aber wer war ich, wenn mein Job wegfiel? Ich hatte so lange mit dieser Identität gelebt, ich hatte diese Rolle so lange gespielt, dass ich mich selbst vergessen hatte. Doch das entsprach nicht meiner ursprünglichen Vorstellung von einem erfüllten Leben.

Hatte ich meine Seele und meine Träume verkauft, wie der Sadhu behauptet hatte? Abgesehen vom Gehalt war ich nicht mehr sicher, inwiefern mein Job mir diente. Schon lange hatte ich nicht mehr auf meine Gesundheit geachtet. Ich hatte die meisten Jubiläen, Geburtstage, Hochzeiten, Feste und auch andere wichtige Veranstaltungen verpasst. Das Telefon war buchstäblich zu einem Teil meines Körpers geworden. Ich alterte schneller, als es meinen Lebensjahren entsprochen hätte. Doch, der Sadhu hatte recht gehabt. Ich war zu einem Sklaven geworden.

Meine Atmung hatte sich beschleunigt. Ich stand kurz vor einem Nervenzusammenbruch.

War mein Unfall vorherbestimmt gewesen? War es mein Schicksal gewesen, das mich von der Straße abgebracht hatte, um mir die Möglichkeit zu geben, mein Leben wieder in die richtige Bahn zu lenken? War es Zufall gewesen, dass ich einem Sadhu begegnet war, der mich mit seinen übernatürlichen Kräften zu einem Leben wiedererweckt hatte, das ich bereits aufgegeben hatte? Ich musste aufhören zu rennen. Ich musste zu dieser besonderen Stange hinter dem Gurudwara Hemkund Sahib pilgern und Ordnung in das Chaos bringen, aus dem mein Leben derzeit bestand.

Google zeigte mir die weite Reise in den Himalaya hinauf an, zum Heiligtum der Sikhs, dem Gurudwara Hemkund Sahib, und Wikipedia informierte mich, dass viele Menschen die Pilgerfahrt dorthin unternehmen, weil sie sich davon die Erfüllung eines Herzenswunsches versprechen.

Ich begab mich zu meinem Hotel. Seit gestern Abend hatte ich eine Menge durchgemacht, geistig, körperlich und spirituell. Diesen Tag brauchte ich jetzt für mich, denn ich wollte die gleiche Geschichte nicht noch einmal erleben. Ich fühlte mich inzwischen tatsächlich wie jemand, dessen Leben sich bald verändern sollte. Ja, der Sadhu hatte recht gehabt.

Doch als ich am Fenster meines Hotelzimmers saß, wurde mir klar, dass ich nur den Ort gewechselt hatte. Innerlich war ich noch ganz mit dem Unfall und den Ereignissen danach beschäftigt. Ständig schweiften meine Gedanken zu dem violetten Band und seiner Bedeutung ab. Ich hatte nach wie vor keine Ahnung, was der Sadhu damit gemeint hatte, dass ich genau dieses Band, das ich jetzt um mein Handgelenk trug, an einer Stange finden würde. Und selbst wenn ich irgendein violettes Band an einer Stange entdecken sollte, wie konnte es mich von meiner Vergangenheit befreien und mein Karma auflösen? Aber schließlich waren Millionen von Pilgern auf der Suche nach Befreiung, wenn sie hinauf nach Hemkund Sahib wanderten.

Während ich die Bilder des Unfallgeschehens vor meinem inneren Auge abspielte, noch einmal und noch einmal wie eine Platte mit einem Sprung, blitzte immer wieder das Gesicht des Sadhus vor mir auf. Wie hatte er mich geheilt? Ich hatte ja nicht mal mehr einen Kratzer oder eine wunde Stelle! Hunderte von Malen ging mir diese Frage durch den Kopf. Aber völlig verwirrt war ich, als ich wieder einmal nach meinem Handgelenk griff und meine Finger nichts als bloße Haut ertasteten. Ich schaute auf mein Handgelenk, und alles Blut wich mir aus dem Gesicht.

Das violette Band war verschwunden.

»»» «««

»Das Göttliche hat dich berührt«, bemerkte Jay, nachdem er sich meine Geschichte geduldig angehört hatte. Ob er meinen Bericht von den Ereignissen glaubte oder nicht, vermochte ich nicht zu sagen, aber ich konnte darauf vertrauen, dass er mich in meinem Glauben daran bestärken würde. Jemand anders, selbst Maya, hätte alle möglichen Argumente vorgebracht, um mich davon zu überzeugen, dass ich den Verstand verloren haben musste oder irgendwelche Psychospielchen machte oder dass der Sadhu und das violette Band eine Halluzination gewesen waren.

»Wenn du eine Reise in die Berge unternehmen willst, musst du gut ausgeruht sein«, ermahnte Jay mich, als ich ihm erzählte, dass ich nach Hemkund Sahib pilgern wollte. Seltsamerweise hatte ich den leisen Wunsch, er würde mir von meinem Vorhaben abraten, denn seit ich mich entschlossen hatte, die Stange hinter dem Gurudwara zu suchen und das Band abzuknoten, das gerade eben von meinem Handgelenk verschwunden war, bekam ich immer mehr Angst. Die zahllosen Menschen, die in die Berge hinaufpilgerten, glaubten, dass sie bei ihrer Rückkehr ein neues Leben beginnen könnten, ganz gleich, in welcher Verfassung sie aufgebrochen waren. Auch ich sehnte mich nach einer Veränderung, aber gleichzeitig fürchtete ich mich davor, daher wünschte ich mir, Jay würde mich von dieser Wanderung abhalten.

Bisher war ich der Letzte gewesen, der an Okkultes oder Mystisches geglaubt hätte. Aber wenn man eine persönliche Begegnung mit einem Menschen hat, der in die eigene Welt eintritt und einem etwas vorhersagt, wonach die Seele sich seit jeher gesehnt hat, dann beginnt man, an seinem eigenen Unglauben zu zweifeln.

Mein Boss war über meine Entscheidung, sieben Tage Urlaub zu nehmen, nicht gerade glücklich gewesen, und weil ich wusste, dass er mich nicht verstehen würde, hatte ich mir auch gar nicht erst die Mühe gemacht, ihm irgendetwas zu erklären. Ich hatte den Sadhu getroffen. Er hatte ein violettes Band um mein Handgelenk gebunden, und jetzt war dieses Band auf unerklärliche Weise verschwunden. Ich hatte keinen Plan, wie ich mein Leben wieder auf die Reihe bringen wollte. Zu Hause wartete niemand auf mich, also würde mich auch niemand vermissen. Ob diese Reise nun zu einer Veränderung in meinem Leben führen würde oder nicht, in jedem Fall würde ich während meiner Abwesenheit nichts versäumen.

Und was hatte ich schließlich zu verlieren? Der Sadhu durfte nicht einfach noch ein weiteres Element in meiner vollgestopften, chaotischen Welt werden. Ich musste diese Pilgerfahrt antreten. Ich musste aufhören zu rennen.

»Ich komme mit«, sagte Jay, und das machte mir etwas Mut. »Wann willst du denn los?«

»Morgen«, erwiderte ich. Mit einer Bestimmtheit, die mir unheimlich war, wusste ich, dass ich diese Entscheidung für immer im Gedächtnis behalten würde – als Wendepunkt in meinem Leben.

Die Reise

Jay flog gleich am nächsten Tag nach Shimla. Er unterstützte mich voll und ganz in meiner Entscheidung, dem Rat eines Sadhus zu folgen, und als Ex-Kommandeur der Indian Air Force hatte er für uns beide einen Hubschrauberflug nach Govindghat organisiert. Von dort aus wollten wir dann gemeinsam hinauf nach Hemkund Sahib an der Grenze zu Tibet pilgern. Und so flogen wir von Shimla aus los.

Kaum waren wir in Govindghat gelandet, da wurde Jay zu einem wichtigen Treffen mit einigen Regierungsbeamten nach Delhi zurückgerufen. Damit war unsere gemeinsame Reise beendet. Mir scheint, jeder von uns muss seinem eigenen Weg folgen, und wenn unsere Ziele nicht übereinstimmen, schaffen die Umstände neue Wege, damit jeder weiterhin seiner Berufung treu bleiben kann – ohne dass jemand ein schlechtes Gewissen bekommt, weil er seinem Herzen folgt.

»In zwei Tagen treffen wir uns in Hemkund Sahib. Wir bleiben über die Smartphones in Verbindung. Ich melde mich, keine Sorge«, versprach er mir, als er wieder in den Heli kletterte. Seit unserer Landung und dieser neuen Entwicklung erschien mir die vor mir liegende Pilgerfahrt problematisch.

Mein Unfall und die Begegnung mit dem Sadhu hatten mich so überwältigt, dass ich nicht mehr richtig auf dem Boden der Tatsachen stand und es mir schwergefallen war, meine bevorstehende Reise zu durchdenken. Daher hatte ich Jay die gesamte Planung überlassen.

»Ich mache das schon«, hatte er gesagt. In meiner labilen Verfassung war ich erleichtert gewesen, dass er sich um alles Nötige gekümmert hatte. Er hatte alles organisiert, vom Hinflug nach Govindghat bis zum Lohn für meinen einheimischen Begleiter.

Jay war wirklich ein guter Freund. Manchmal haben Freundinnen oder Freunde das Gefühl, sie wären verpflichtet, die Probleme für uns zu lösen. Aber dazu sind sie nicht da. Freunde sollen uns helfen, unseren Glauben an und unser Vertrauen in uns selbst wiederzufinden, damit wir unsere Probleme dann selbst lösen können. Sie sollen sich unsere Probleme anhören, ohne uns dabei mit Lösungsvorschlägen zu unterbrechen, damit wir im Sprechen selbst einen Ausweg finden, damit wir die Lösung selbst finden und an dem Problem wachsen können. Sie sind nicht dazu da, uns zu *helfen,* besser zu werden, sondern sie sollen zulassen, dass wir unsere eigene Größe erkennen und entsprechend handeln. Freundschaft bedeutet zulassen. In einer Freundschaft erhält man Raum, wenn man ihn braucht, ohne dass der andere einen mit Ratschlägen bedrängt. Eine Freundin oder ein Freund lässt dich einfach in Ruhe, wenn du das möchtest, ganz gleich, wie mies du dich vielleicht fühlst. Indem Freunde dir diesen Raum lassen, helfen sie dir manchmal, deiner selbst geschaffenen Hölle zu entkommen, wohingegen Versuche, dir zu helfen, dich vielleicht nur noch weiter hineinschubsen würden. Auf einer tieferen, unbewussten Ebene war es ein Zeichen für dieses Zulassen, dass Jay mich auf meiner Pilgerreise allein ließ. Er war eben ein guter Freund.

»»» «««

Vor dem furchtbar wuseligen Flughafen von Govindghat nahm mich ein lebhafter, sehr junger Mann in Empfang. Er stellte sich als Chandu vor.

»Ich bin Ihr Träger.« Mit diesen Worten machte er eilig sein Recht auf mein spärliches Gepäck und die Leitung meiner weiteren Reise geltend. Chandu war etwa einen Meter siebzig groß, aber er wirkte deutlich kleiner als ich, weil meine Trekkingschuhe dicke Schneesohlen hatten. Allein vom Aussehen her hätte ich sein Alter nicht schätzen können. Auf meine Frage hin sagte er, er sei achtzehn, aber wenn ich ihn anschaute, erschien er mir manchmal viel älter. Sein Gesicht wirkte alterslos, so wie die Gesichter vieler Menschen, die oben im Gebirge leben. Vermutlich sind es die frische Luft und die stressfreie Lebensweise, die die Bergbewohner strahlender und jugendlicher aussehen lassen. Chandu trug eine kakifarbene Wolljacke und braune Wollhosen und schien kein bisschen zu frieren. Ich selbst hatte mich so dick eingepackt, wie ich konnte, ohne meine Bewegungsfreiheit allzu sehr einzuschränken, und trotzdem klapperten mir immer wieder vor Kälte die Zähne.

»Erst unterschreiben Sie noch den Haftungsausschluss, und dann können wir los.« Chandu reichte mir einen dreiseitigen Disclaimer. Durch meine Unterschrift sollte ich für den Fall, dass ich auf der Wanderung nach Hemkund Sahib hinauf starb oder Verletzungen erlitt, auf jegliche Ansprüche an den Träger oder an andere Personen verzichten.

»Nicht alle kommen bis ans Ziel, und von denen, die es erreichen, schaffen es nicht alle wieder zurück.« Chandu schüttelte den Kopf und versuchte, ernst dreinzuschauen. »Aber ich schaffe es jedes Mal bis nach oben und wieder nach unten.« Er grinste vergnügt.

Chandu hatte drei ungewöhnlich große Esel mitgebracht, für jeden von uns einen. Nun war Jay aber nicht mitgekommen, und mein junger Führer konnte sich nicht entscheiden, von welchem Tier er sich trennen wollte. Die Esel sahen eher wie Maultiere aus, aber Chandu behauptete, sie seien eine besondere Art reinrassiger Esel. Er ging von einem Tier zum anderen, flüsterte jedem etwas ins Ohr und übergab schließlich die Zügel des etwas kleineren

Esels einem anderen jungen Träger. Dann stiegen wir auf und ritten gemächlich los.

Ich hatte erwartet, am Flughafen und auch unterwegs viel mehr Touristen zu sehen, aber nach kurzer Zeit waren wir praktisch allein unterwegs.

Es gab eine einzige Tüte mit Proviant, eine Mischung aus gesalzenen Nüssen. Ich mampfte ab und zu eine Handvoll davon, während Chandu ständig auf Stängeln, Blättern und Grashalmen herumkaute und sie dann ausspuckte. Auch sein Esel rupfte hin und wieder rechts und links vom Weg am Grünzeug, während mein Reittier so schlecht gelaunt war, dass es in Hungerstreik trat.

Die beiden Esel waren so störrisch und dumm, dass sie dem schlechten Ruf ihrer Artgenossen alle Ehre machten. In der kurzen Zeit hatten wir schon mehrmals die Reittiere getauscht. Aber aus irgendeinem Grund beschlossen die Esel, nicht mehr zu gehorchen, sobald ich sie bestieg, obwohl sie Chandu bis dahin ganz brav getragen hatten. »Sahib, treten Sie den Esel leicht mit den Fersen«, sagte Chandu schließlich mit einem spitzbübischen Grinsen. Und als ich meinem Esel dann frustriert, aber behutsam mit den Fersen in die Seiten trat, trabte er mit so erhabenen, stoßenden Schritten los, dass trotz meiner dicken Kleidung und des bequemen Sattels meine Männlichkeit in Gefahr war.

Ich hörte Chandus gedämpftes Lachen. Der Junge hatte Pausbacken und die rundesten Augen, die ich je gesehen hatte. Sein Haar war ungepflegt, und an manchen

Stellen waren Anzeichen für drohende Dreadlocks zu erkennen. Seine Zähne waren gelb, aber abgesehen davon war sein Gebiss perfekt. Für einen Träger sah er recht gut aus, und er besaß eine gewisse Ausstrahlung.

Als wir schon eine ganze Weile unterwegs waren, erkundigte ich mich, wie lange wir nach Hemkund Sahib brauchen würden. »Das hängt vom Sinn Ihrer Reise ab, Sahib«, antwortete Chandu.

»Was soll das denn heißen?«, fragte ich ärgerlich. »Es sind doch bloß zwanzig Kilometer bis dahin.« Es passte mir nicht, dass dieser Achtzehnjährige sich vor mir als weiser Mann aufspielte.

»Das müssen Sie selbst herausfinden, Sahib. Es ist ja Ihre Reise.« Chandu grinste unverschämt.

Ich war zu müde, um mich mit ihm zu streiten, zu müde, um meinen Verdacht zu äußern, dass wir auf diesem Ritt nicht ganz dem Weg zu unserem Ziel zu folgen schienen. Wenn man zu einem Ort unterwegs ist, der von Pilgern aus der ganzen Welt überschwemmt wird, auf dem Weg aber nur drei Männern begegnet, fragt man sich doch, ob man in die richtige Richtung geführt wird.

»Verdammtes Netz!« Auch mein Smartphone konnte mir hier nicht weiterhelfen. Während ich es herumschwenkte, verfluchte ich die Telefongesellschaft wegen des miesen Empfangs. Wie gern hätte ich eine Verbindung zu der mir vertrauten Welt hergestellt.

Ich sah mich enttäuscht um und registrierte niedergeschlagen, dass die Entfernung, die wir zurückgelegt hatten, der vergangenen Zeit und unserem Tempo nicht zu entsprechen schien. Oder war ich zu tief in meiner chaotischen Innenwelt versunken gewesen, um unser Vorankommen zu bemerken? Aber das Tal war fantastisch. Es strömte eine überwältigende Ruhe aus, die mein überdrehtes Herz nur zu gern aufnahm. Um uns herum ragten die sieben gigantischen, schneebedeckten Gipfel auf, die für die Gebirgslandschaft um Hemkund Sahib herum kennzeichnend sind. Die Zeit schien stillzustehen, und mich überkam ein Gefühl von Zeitlosigkeit und Gelassenheit. Wer noch nie im Himalaya war, dem kann ich auch nicht annähernd beschreiben, wie geheimnisvoll und magisch die Atmosphäre ist, die einen dort empfängt. Die Schönheit der schneebedeckten Gipfel und des grünen, mit Steinen gesprenkelten Tals verzauberte mich. Zwischen den verschneiten Kiefern konnte manchmal überraschend ein grüner Fleck auftauchen. Der weite Himmel über den tief hängenden Wolken schien das Tor zu einer anderen Welt zu sein. Über viele Kilometer waren nur die Kondensstreifen der Flugzeuge über uns Zeichen dafür, dass es außer uns noch andere Menschen auf der Welt gab. Die Flieger zogen Linien in den Himmel wie ein träger Künstler, der ein Graffiti sprayt.

Ich saß auf meinem Esel und atmete so viel Frieden ein, wie meine Lungen nur zu fassen vermochten. Jeden einzelnen Windstoß spürte ich in den Nasenlöchern. Der Wind drang in mich ein und kühlte alle meine Zellen. Als kleine Geste der Auflehnung stieß mein Körper die Luft beim

Ausatmen als warmen Dunst wieder aus. Der Atemhauch quoll mir aus Nase und Mund und erwärmte einen winzigen Teil des kalten Tals. Bei jedem Schritt aufwärts verbrauchte ich Muskelkraft, auch wenn ich im gepolsterten Sattel eines übergroßen Esels saß.

Während wir uns auf unseren Reittieren langsam vorwärtsbewegten, schien der Pfad sich hinter uns aufzulösen und mit der kargen Vegetation zu verschmelzen. Dafür wurden vor uns Pfade sichtbar, die es vorher anscheinend noch nicht gegeben hatte.

Manchmal flogen riesengroße Adler über uns. Ich schätzte ihre Flügelspannweite auf drei Meter oder mehr, sie waren Giganten am Himmel. Wenn ich einen über mir kreisen sah, duckte ich mich unwillkürlich. Der Schatten, den der ungeheure Raubvogel auf den Boden warf, ließ meine Fantasie mit mir durchgehen. Würde der Adler mich als nächste Mahlzeit in seinen Fängen forttragen?

Jeder Augenblick im Gebirge ist faszinierend. Aber wenn das Herz wehtut, können Angst und Zweifel leicht die Erhabenheit und die Schönheit ringsumher verschleiern. Ich befand mich im Land der Götter und stellte den Sinn meines Daseins infrage. Wer auch immer gesagt hatte, die Schönheit liege im Auge des Betrachters, hatte eine wichtige Tatsache außer Acht gelassen: Die Schönheit liegt nämlich im Herzen des Betrachters.

Man nimmt an, dass der zehnte Guru der Sikhs, Guru Gobind Singh, jahrelang in Hemkund Sahib meditierte, bis er eins mit Gott wurde. Meditation war nicht mein

Ding, aber Menschen, die stundenlang stillsitzen konnten, faszinierten mich. Auch mit der Vorstellung von einem Gott konnte ich mich nur schwer anfreunden. Ich brauchte bloß den Zustand der Welt oder das Chaos, das ich in meinem Leben angerichtet hatte, zu betrachten, und schon zweifelte ich an den Fähigkeiten des Allmächtigen und an seiner gesamten Schöpfung. Eiskalter Wind pfiff durch meine Wollmütze und ließ meine Hirnzellen gefrieren. Es war, als würden die Berge mich tadeln, weil ich an dem Heiligen zweifelte, das mich doch so offensichtlich umgab.

Ich fragte mich, wie die Einheimischen die Kälte ertragen und sich dabei lebendiger fühlen konnten als ich. Ich trug einen kohlschwarzen, mit weißer Schafwolle gefütterten Wintermantel mit Kapuze, darunter eine schwarze Trekkinghose aus Wolle und darunter wiederum zwei Schichten warme Unterwäsche. Ich habe einen athletischen Körperbau, aber meine Kleidung ließ mich viel massiger wirken. Mein Haar unter der wollenen Mütze war lang und strubbelig, und die langen Locken wärmten meine Ohren zusätzlich. Ich war froh, dass ich sie nicht hatte abschneiden lassen.

Chandu bewunderte meine Skibrille. Ihre Gläser waren silberblau verspiegelt, und immer, wenn er mit mir sprach, lächelte er und betrachtete sein Gesicht im Spiegel meiner Brille. Er sah mich häufig an, und anfangs war mir sein intensiver Blick unangenehm, aber nach einer Weile wurde mir klar, dass er nicht mich musterte, sondern sein Spiegelbild.

Plötzlich fror ich wieder so sehr, dass ich am ganzen Körper zitterte. Das lag jedoch nicht an der niedrigen Temperatur, sondern diese Kälte stieg aus den Tiefen meiner Seele auf, als wäre etwas aufgewühlt worden. Ich wurde unruhig. Es war die gleiche Unruhe, die sich meldet, wenn man es mit einer Lüge zu weit getrieben hat. Meine Atmung wurde schneller und kräftiger, so als stünde ich auf einer Klippe über einem Abgrund. Es war die Klippe der Ignoranz, und ich war mit dem ungeheuren Ausmaß der Wahrheit konfrontiert, die vor mir lag. Auf einmal hatte ich das Gefühl, dass nicht das Ziel mich erlösen würde, sondern meine Reise dorthin.

Ich hob den Kopf und konnte den Blick nicht mehr vom Himmel wenden. Wie gebannt starrte ich in seine Weite, und erst der Klingelton meines Smartphones zerriss diese Verbindung. Vielleicht war genau das die Aufgabe meines Smartphones – mich mit der Welt zu verbinden und die Verbindung zu mir selbst zu kappen.

»Empfang!«, rief ich begeistert. Dieser unerwartete Freudenschrei erschreckte meinen lethargischen Esel, und er fiel wieder in seinen stoßenden Trab.

»Halt an, du Idiot!« Ich schlug ihm die Fersen in die Flanken, was ihn aber nur zu schnelleren und noch größeren Schritten veranlasste. Auf dem Display löste das »SOS« schon wieder den einzelnen Balken ab, der für einen Moment sichtbar geworden war. Das Mobiltelefon kann zur Sucht werden. Es verlangt Beachtung. Es bindet die Aufmerksamkeit und versklavt dadurch seinen Besitzer.

Aufmerksamkeit und Absicht gehören in den Bereich des Geistigen, und wenn sie von einem kleinen Gerät absorbiert werden, ist das sowohl für die materielle als auch für die geistige Welt eine Katastrophe. Dieser Gedanke ließ mich erschauern, denn den Unfall zwei Tage zuvor hatte ich verursacht, weil ich mich durch mein Smartphone hatte ablenken lassen.

Es war eine E-Mail von meinem Rechtsanwalt. Ich holte tief Luft und schaute wieder in den Himmel hinauf. Die Luft war eisig, und meine Tränen begannen zu gefrieren. Ich setzte die Skibrille ab, aber eigentlich wollte ich die Mail gar nicht öffnen. Ich hatte mich nicht so weit von zu Hause, von meinem Job und von meinem Alltag entfernt, um dann doch mit meinem Versagen, meinem Kummer und meiner Negativität verbunden zu bleiben. Hier im Gebirge bewegte ich mich voller Hoffnung vorwärts, und selbst wenn mich am Ziel meiner Reise nichts Lohnenswertes erwarten sollte, würde ich mich doch zumindest unterwegs selbst finden.

Zwei Monate war es jetzt her, dass Maya die Scheidung eingereicht hatte. Ich war fassungslos gewesen, als man mir die Papiere ins Büro schickte. Ich weiß noch, wie ich sie in der Hand hielt. Ich war stolz auf meine Fähigkeit, mit jeder Situation umgehen zu können, aber in dem Moment zitterten mir zum ersten Mal in meinem Leben die Hände, und ich schob die Papiere in den Umschlag zurück. Ich konnte es nicht ertragen, sie zu lesen. Was wollte Maya? Ich begriff überhaupt nichts. Als ich an jenem

Abend nach Hause kam, waren Maya und meine beiden kleinen Töchter verschwunden. Wie hätte ich denn ahnen sollen, dass meine vertraute Welt längst untergegangen war? Ich konnte mich nicht mehr auf die Arbeit konzentrieren, denn ich sah keinen Sinn mehr darin und war nicht mehr motiviert. Bald griff ich zum Alkohol, um nach Antworten zu suchen, die mein rationaler Verstand mir nicht geben konnte. Wenn sich Verwirrung, Vorwürfe und Reue im Leben breitmachen, verzieht sich die Wahrheit. Und wenn erst die Wahrheit verschwunden ist, machen sich auch Hoffnung, gesunder Menschenverstand und Weiterentwicklung aus dem Staub.

Ich spürte eine Schwere in der Brust. Kopfschüttelnd wischte ich mir eingebildeten Schweiß von der Stirn. So hatte ich mich noch nie gefühlt. Es waren nicht nur die schmerzlichen Erinnerungen, nein, es waren auch die Schwingungen des Gebirges, die an meiner Seele zerrten.

Um mich von den intensiven Gefühlen, die in mir hochkamen, abzulenken, wandte ich mich Chandu zu. Er war gerade damit beschäftigt, seinem Esel etwas zuzuflüstern, und interessierte sich nicht im Geringsten für meinen inneren Aufruhr. Er wirkte so unbeschwert, wie er da seine Kommunikation mit einem geistlosen Esel genoss. Und wenn er nicht mit dem Esel sprach, spuckte er hörbar irgendwelche Körner oder Kerne aus. Chandu war ein seltsames Bürschchen, und ihn zu beobachten, lenkte mich wohltuend von mir selbst ab.

Ich nahm die Skibrille ab und schaute erneut zum

Himmel hinauf, bis meine Augen zu frieren begannen. Je länger ich hochschaute, desto mehr verschwammen die Erinnerungen an mein Leben, so als würde meine Vergangenheit allmählich verblassen. Schließlich schloss ich die Augen und legte mir die Hände aufs Gesicht. Da war nur Dunkelheit, als scharfer Kontrast zu der Ewigkeit, die in der Unermesslichkeit der Berge und der Weite des Himmels zum Vorschein kam.

»Pffffcht!« Chandus lautes Ausspucken schreckte mich auf. »Sahib.« Er lenkte seinen Esel dicht neben meinen und drosselte sein Tempo. »Sie sollten sich nicht die Augen zuhalten. Öffnen Sie sich für Ihre Seelenverbindung mit den Bergen«, sagte er und lächelte wieder in meine Brille.

Ich lachte laut los. Es war mehr eine Befreiung von meiner aufgestauten Verzweiflung als eine Reaktion auf Chandus unverschämte Anweisung. »Seelenverbindung mit den Bergen«, sagte ich, und dann murmelte ich in meinen Kragen: »So ein Blödsinn.«

»» ««

»Arjun!« Die Bergketten warfen das Echo des Rufes vielfach zurück. Mir blieb fast das Herz stehen. Ich heftete den Blick auf Chandu, der vor mir ritt und das Rufen anscheinend nicht gehört hatte. Der Esel trug meinen Körper weiter, aber meine Seele war dort geblieben, wo mir der Klang meines Namens in die Ohren gedrungen war.

Ich zog an den Zügeln und drehte mich um. Als ich hinter mir niemanden sehen konnte, zog ich die Zügel noch stärker an, und nun drehte der Esel sich um und ging den Weg zurück. Das letzte Echo meines Namens hallte nur noch schwach wider wie ein flehendes Flüstern: »Arjun!«

Die Stimme konnte ich nicht erkennen, anfangs klang sie wie eine Männerstimme, dann wurde sie weicher, bis es die Stimme einer Frau hätte sein können. Ich trieb den Esel an und ließ ihn im Galopp zu der Stelle auf dem Pfad zurückkehren, die wir schon weit hinter uns gelassen hatten. Ich spürte den Adrenalinstoß im ganzen Körper, während ich so schnell wie möglich in die Richtung ritt, aus der der Ruf gekommen war. Unter den Eselshufen lösten sich Steine, rollten vom Weg hinunter und sprangen ins Tal, wodurch sie neue Echos auslösten.

»Sahib!«, hörte ich Chandu rufen. »Sahib, halten Sie an!«

Ich dachte nicht daran. Ich wollte sehen, wer da hinten war, wer gewusst hatte, dass ich mich hier aufhielt. Ich wollte herausfinden, wer nach mir gerufen hatte. In den vergangenen Wochen hatte mich niemand mehr gerufen, nicht einmal meine eigenen Töchter, denn Maya hatte sie mir weggenommen.

»Sahib! Halt! Sie dürfen niemals umkehren, Sahib. Halt!«, hörte ich Chandu hinter mir brüllen.

Ich trat dem Esel kräftig in die Flanken. Er grunzte wütend, blieb schlitternd stehen und warf mich ab. Ich stürzte kopfüber auf den Weg, drehte mich dabei aber zur Seite, um mir nicht auf dem losen Geröll das Genick zu brechen. Als Pfadfinder hatte ich gelernt, wie man fällt, ohne sich die Knochen zu brechen. Ich rollte mich weiter nach links. Meine Kleidung dämpfte meinen Sturz, aber das scharfkantige Geröll zerschnitt mir Stirn, Wangen und Nase, und ich konnte vorübergehend nichts mehr sehen. Ich spürte, wie der Boden unter mir wegsackte, und dann stürzte ich ins Nichts.

»Sahib!« Im Fallen hörte ich die Echos von Chandus Rufen. Ich hielt mich an Felsgestein fest, das sich aber unter meinem Griff löste, sodass ich weiter abwärtsrutschte. Dann klammerte ich mich mit den Beinen an einen kleinen Felsvorsprung und konnte mich dort festhalten. Ich streckte mich, bis ich den Zweig einer Pflanze zu fassen bekam, die aus einer tiefen Spalte im Berg herausragte. Eigentlich war dieser dünne Zweig bloß ein zerbrechlicher Stängel, und ich hielt den Atem an aus Sorge, dass ein Luftholen ihn noch zusätzlich belasten und er mitsamt dem Felsvorsprung abbrechen könnte. Ich wagte es nicht einmal, die Augen zu schließen, um nur nicht meinen Halt zu gefährden. Die Berghänge waren steil, und ein Absturz würde mein Ende sein. Zum zweiten Mal innerhalb von achtundvierzig Stunden streckte der Tod die Arme nach mir aus.

Ich dachte an Sarah und Sasha, meine beiden kleinen Töchter, und eine große Leere breitete sich in meinem Herzen aus. Warme Tropfen rannen von meiner Nase auf meine Lippen, und ich roch Blut. Ich klammerte mich an die Erinnerung an meine beiden Mädchen, denn alle anderen Gedanken wären zu anstrengend gewesen und hätten mich außerdem nicht verlockt, am Leben zu bleiben.

Über mir hörte ich ein Poltern. Erde und Steine fielen mir auf den Kopf.

»Ich komme, Sahib. Nicht loslassen!«

Ich weiß nicht, wie lange es dauerte, Sekunden, Minuten, Stunden oder Jahre. Während ich mir meine Töchter vorstellte, blieb mein Leben stehen. Aus Furcht, alles loszulassen, hielt ich weiter den Atem an. Es war der längste Moment in meinem ganzen Leben. Der kühle Bergwind war böig und drohte, mich wegzublasen, aber dann wehte er stattdessen um mich herum.

Ich spürte Chandus Hand auf der Schulter. »Ich hab Sie«, sagte er und packte fester zu. Zum ersten Mal schloss ich jetzt meine trockenen, brennenden Augen. Mit dem ganzen Körper presste ich mich an den steinigen Grund, mit jedem Muskel hielt ich mich am Boden fest. Als ich die Augen wieder öffnete, sah ich Blutspuren auf meiner Skibrille, manche noch ganz frisch, andere bereits angetrocknet. Ich merkte, wie ein Metallhaken unter meinen Gürtel geschoben wurde, und Chandu berührte meinen Kopf. »Ich habe Sie, Sahib. Ich ziehe Sie jetzt hoch«, sagte er sanft.

Ich spürte einen Zug an der Taille und tastete über mir nach einem Halt. Der Stein unter meinem Fuß brach aus dem Fels und löste ein donnerndes Echo aus, als er ins Tal hinunterkrachte. Langsam und vorsichtig machte ich einen Schritt nach dem anderen, und es dauerte ewig, bis ich wieder zu der Stelle gelangte, von der ich abgestürzt war. Chandu und sein Esel hatten mich ins Leben zurückgezogen. Ich hoffte, dass Maya und meine Mädchen das auf anderer Ebene auch tun würden.

»Jemand hat nach mir gerufen«, verteidigte ich mich, als ich endlich auf dem Pfad lag und Chandu zu mir hinunterschaute. Mein Esel sah mich vorwurfsvoll an. »Jemand hat meinen Namen gerufen«, flüsterte ich wieder. Chandu lächelte in meine Brille und nahm sie mir behutsam ab. Er betrachtete die Schnitte an meiner Nase, meinen Schläfen und meiner Stirn.

»Die Berge rufen Sie, Sahib. Sie sind Seelenverwandte. Aber Sie dürfen niemals umkehren«, flüsterte Chandu. Dabei stach mir sein übler Mundgeruch so heftig in die blutende Nase, dass ich wieder völlig zu Bewusstsein kam. Es war nur ein Flüstern gewesen, aber durch Chandus Worte waren die Berge für mich lebendig geworden. *Die Berge rufen Sie. Sie sind Seelenverwandte.*

»» ««

Es war ein irritierendes Gefühl. Zum zweiten Mal war ich dem Tod nur knapp von der Schippe gesprungen.

Ein Adler schrie, und ich meinte, aus den widerhallenden Echos seiner Rufe seine Bestürzung über eine entgangene Mahlzeit herauszuhören. Ich hatte nicht die Kraft aufzustehen. Mein Körper hatte aufgegeben, er hatte sich dem Schicksal gefügt, das die Berge für ihn bereithielten. Mein Esel betrachtete mich von oben herab und beschnupperte ab und zu meine Beine. Steine drückten mir in den Kopf, aber der Geruch von nasser Erde und zerquetschtem Gras beruhigte meine angespannten Nerven.

Während ich allmählich wieder zu mir kam, pflückte Chandu von Büschen in der Nähe Blätter ab. Daraus bereitete er eine leuchtend grüne Paste zu und strich sie auf mein Gesicht. Ich konnte nicht sagen, ob die beginnende Gefühllosigkeit auf den schmerzstillenden Effekt der Blätter zurückzuführen war oder auf die Kälte.

Chandu half mir erst auf die Füße und dann auf den Rücken meines Esels hinauf. Mein Gesicht brannte, mir schmerzten die Arme, und die Beine schlotterten noch nach dem Sturz. Der Esel deutete es falsch, als ich vor Schmerzen zusammenzuckte, und wollte gleich loslaufen.

Immer wieder befühlte ich mein Gesicht und klopfte mir leicht auf die Wangen.

»Danke.« Ich sah Chandu an. Er hatte mir das Leben gerettet.

»Danken Sie mir nicht, weil ich Ihnen das Leben gerettet habe, Sahib«, erwiderte er. »Diese Dankbarkeit kann ich nicht annehmen. Dann stehe ich zu sehr unter Druck, wenn es ein zweites Mal nötig ist.« Er grinste mich an. »Ich habe getan, was ich in dem Moment tun musste. Ich habe Sie nicht um Ihretwillen gerettet. Ich habe Sie gerettet, weil ich gerade zur Stelle war. Sie hätten auch tiefer fallen können, dann hätte ich Sie möglicherweise nicht mehr erreicht und Sie wären gestorben. Trotzdem hätte ich mein Bestes getan und selbstverständlich versucht, Sie zu retten. Doch nur Sie selbst sind für Ihr Leben verantwortlich, genauso wie für Ihren Tod. Ich habe mit beiden nichts zu tun.« Chandu hob die Hände und lehnte mit dieser Geste jede Verantwortung für weitere Hilfeleistungen ab.

»Sie haben etwas Leichtsinniges an sich, Sahib.« Chandu nickte missbilligend. »So als würden Sie gar nicht leben, sondern mit Ihrem Leben spielen. Das ist ein gefährliches Spiel. Wenn Sie diese Reise diesmal nicht beenden, müssen Sie irgendwann wieder den Weg hierher finden. Und Gott weiß, wie viele Leben vergehen werden, bis Sie wieder hierherkommen und die Reise vollenden, die Ihnen schon vor langer Zeit bestimmt war.« Chandu lächelte strahlend, während ich sprachlos auf meinem Esel hockte.

»Wir müssen weiter, Sahib. Wir dürfen nicht noch mehr Zeit vergeuden.« Er verdrehte die Augen, als würden seine eigenen Worte ihn langweilen, und ritt los, ohne meine Reaktion abzuwarten.

Ich trat den Esel schmerzhaft in die Flanken.

»Beeilung, Sahib!« Chandu war bereits nicht mehr zu sehen.

Es dauert lange

Von der Paste, die Chandu dick auf meine Wunden geschmiert hatte, fühlte mein Gesicht sich ganz steif an. Chandu trug jetzt meine Skibrille, und er drehte sich häufig zu mir um, lächelte und gestattete mir einen Blick auf mein Gesicht, das mit der Maske aus leuchtend grünem Brei gruselig aussah.

»Was ist das für eine Paste?«, murmelte ich. Der Sturz hatte mir nicht nur körperlich Schmerzen bereitet, sondern mich auch psychisch erschüttert. Doch allmählich drangen mir die Wirkstoffe der Paste in Nase, Augen und Ohren und beruhigten mich.

»Diese Paste besteht aus einer speziellen Mischung von Blättern und Kräutern. Sie werden feststellen, dass Ihre Wunden schneller heilen und dass keine Narben zurückbleiben.« Chandu nickte ernst. »Wenn Sie bei dem Sturz gestorben wären, hätte ich sogar ein paar Kräuter mischen und Sie wieder zum Leben erwecken können.« Er zwinkerte, und sein ernstes Gesicht verzog sich zu einem schelmischen Grinsen.

Dieser quicklebendige Achtzehnjährige überraschte mich manchmal mit seiner Weisheit. Ich beneidete ihn um seine Fröhlichkeit. Und ich beneidete ihn um seine Fähigkeit, so unbeschwert zu sein, frei umherzustreifen und an Humor und Unfug Spaß zu haben. Diese Art von Neid ist ein deutlicher Hinweis darauf, dass es einem selbst nicht gelingt, so zu sein, wie man den anderen Menschen sieht. Statt uns Mühe zu geben und unserem eigenen Potenzial entsprechend zu leben, finden wir dann häufig diejenigen, die vermeintlich durch ihre bloße Art Druck auf uns ausüben, unsympathisch.

Chandu sah glücklich aus, wirklich glücklich, während ich selbst nicht mehr aus noch ein wusste. In meiner Not hatte ich mir angewöhnt, andere zu manipulieren. Mein Glück und meine Fröhlichkeit machte ich abhängig von den Ergebnissen, die ich durch meine Leistungen zustande brachte – und folglich hatte ich manchmal wochenlang keinen Grund, fröhlich zu sein. Meine Haltung war von Sarkasmus, Negativität und Stress geprägt. Da mir diese Eigenschaften auch überall entgegenschlugen, behandelte ich andere wiederum mit der gleichen Einstellung, und schon längst war ich einer von den Menschen geworden, die ich eigentlich verachtete. Früher einmal war ich wie Chandu gewesen. Wo hatte ich mich verloren und aus welchem Grund? Ich hatte für den Erfolg, dem ich nachgejagt war, einen hohen Preis bezahlt – mich selbst.

Ich war dankbar für Chandus Gegenwart. Ich war dankbar, dass er mir das Leben gerettet hatte und mich auf angenehme Weise von meinen inneren Schmerzen ablenkte.

»Wie lange brauchen wir noch, Chandu?«, stöhnte ich.

»Es dauert lange, Sahib«, sagte er gelassen.

Chandus vager Zeitbegriff ließ meine Dankbarkeit in Ungeduld umschlagen. Mir kam es vor, als würden wir uns stundenlang vorwärtsbewegen, ohne aber weiterzukommen – genauso, wie ich es in letzter Zeit in meinem Leben erfahren hatte. Ich holte tief Luft und beschloss zu schweigen, um mich zu beruhigen.

»Der Himalaya ist der Wohnsitz der Götter. Zeit und Entfernungen haben hier keine Bedeutung. Warum so eilig, Sahib? Wer sich hoch hinauf reckt, wird sich tief bücken. Wenn Ihre Reise vorwärts beendet ist, werden Sie eine neue Reise rückwärts beginnen. Wirklich wichtig sind nur der Ort, an dem Sie sich gerade befinden, und der jetzige Moment.« Der dreiste Achtzehnjährige verkündete diese Botschaft in singendem Tonfall.

Ich seufzte nur. Obwohl Chandu nicht einmal halb so alt war wie ich, war er mindestens doppelt so weise. Während Negativität und Hoffnungslosigkeit sich wieder in mein Herz einschlichen, fing ich an, mich über ihn zu ärgern. Er wies mich auf jemanden hin, dem ich nicht gerecht geworden war – auf mich selbst. Er erinnerte mich an meinen Verrat, genauer gesagt, an meinen Selbstverrat.

»Mögen Sie die Berge?«, fragte Chandu. Als guter

Führer bemühte er sich, eine Unterhaltung mit mir zu beginnen, obwohl ich versuchte, ihn zu ignorieren.

»Ja«, erwiderte ich schlicht. »Ich liebe die Berge.«

»Es war eine gute Entscheidung, dass Sie hergekommen sind. Es heißt, dass man sich nicht aussucht, ins Gebirge zu reisen, sondern dass die Berge einen auswählen«, erklärte Chandu und bemühte sich dabei, weise zu klingen.

»Aber eben hast du gesagt, ich hätte eine gute Entscheidung getroffen, dass ich hergekommen bin. Wie konnten die Berge mich denn dann auswählen?« Ich stellte seine Weisheit auf die Probe.

»Tss, tss.« Chandu schüttelte den Kopf und spuckte das Blatt aus, auf dem er herumgekaut hatte. »Erst wählen die Berge uns aus und dann lassen sie uns die Entscheidung herzukommen selbst treffen, Sahib«, sagte er gelassen und machte immer noch ein Gesicht, als habe er die Weisheit mit Löffeln gefressen.

»Die Einheimischen aus den Tälern in der Nähe berichten, dass Hemkund Sahib früher, bevor die Sikhs es zu ihrem Pilgerort machten, ›Lokpal‹ hieß. Dass die sieben Berge heilig sind …« – Chandu hielt inne, um tief Luft zu holen – »… kommt daher, dass sie mit den Göttern verbunden sind, davon berichten die Legenden.«

Chandu begann zu erzählen. Er hatte so viele mythische Geschichten auf Lager und sprang dabei so oft von einer legendären Gottheit zur anderen, dass mir ganz schwindelig wurde und ich seine Stimme bald nur noch schwach hörte. Ich hatte begriffen, dass Hemkund Sahib heilig war und eine geheimnisvolle Kraft besaß. Die Tatsache, dass viele Götter und Sagengestalten diesen Ort häufig aufgesucht hatten, vermehrte seinen Ruhm noch. Inzwischen waren die Gottheiten lange fort, aber in der Aura des Ortes ließen sich weiterhin die Spuren ihrer Göttlichkeit finden. Ich konzentrierte mich ganz auf einen Berggipfel, um mich gegen Chandus Geplapper abzuschotten. Es gab schon genug, worüber ich nachdenken musste, und sein enzyklopädischer Ausbruch linderte meine inneren Qualen nicht.

In den Bergen erscheinen uns Minuten wie Stunden und Stunden wie Tage. Mir war, als wäre ich schon ewig hier. Der schwankende Eselsrücken war schnell zur Normalität geworden. Bestimmt würde ich, auch wenn ich wieder festen Boden unter mir hatte, weiter hin und her schaukeln.

»Was bringt Sie in die Berge, Sahib?« Nach einem langen Schweigen versuchte Chandu, Konversation zu betreiben.

»Ein Sadhu hat gesagt, ich müsste nach Hemkund Sahib pilgern«, sagte ich mit einem tiefen Seufzer.

»Ein Sadhu hat Sie hierhergeschickt?« Chandu wirkte schockiert. Entweder war er wirklich überrascht oder er machte sich insgeheim über mich lustig.

»Ja. Er hat gesagt, ich würde an einer Stange hinter dem Gurudwara ein violettes Band finden. Das muss ich abknoten.« Ich ließ die wichtigeren Tatsachen in meinem

Leben aus und erzählte Chandu ausschließlich von der Aufgabe, die mich hergeführt hatte. »Steht hinter dem Gurudwara eine besondere Stange?«, fragte ich.

»Eine Stange?« Chandu schien gründlich nachzudenken. »Ja, da stehen ein paar Stangen.« Schließlich nickte er.

»Hängen an den Stangen Bänder?«, wollte ich wissen. Diese Stangen hatten ja normalerweise eine religiöse oder spirituelle Bedeutung, und ich fragte mich, ob Chandu etwas darüber wusste.

»An den Stangen sind Wimpel aufgezogen, Sahib.« Chandu zuckte die Achseln und bemerkte dann: »Sadhus sind ganz schön faul, das muss ich ja sagen. Warum kann er nicht selbst herkommen und das Band abknoten?«

Ich wusste nicht, ob ich lachen oder ihn ohrfeigen sollte. Er konnte seinen Gesichtsausdruck hinter meiner Skibrille verstecken, aber meine Ungeduld war deutlich sichtbar. Ich schluckte heftig.

»Die sitzen rum und faulenzen und lassen andere Leute die Arbeit für sie machen«, fuhr Chandu fort. »Ist ja nicht zu fassen, dass ein Sadhu Sie den ganzen Weg hergeschickt hat, bloß damit Sie etwas für ihn erledigen. Sollen Sie ihm das Band denn zurückbringen?« Er drehte sich zu mir um und las wohl blitzschnell in meinem Gesicht, denn er trieb seinen Esel an und galoppierte in Windeseile außer Reichweite.

Als ich ihn endlich eingeholt hatte, musterte er mich argwöhnisch, bevor er weitersprach. »Alle kommen her, weil sie in den Bergen irgendetwas suchen wollen. Aber was man mit Sicherheit in den Bergen findet, sind Geschichten und Erfahrungen. Und manche finden sogar den Tod«, behauptete er.

Ich schwieg und gab ihm deutlich zu verstehen, dass seine Vorstellungen und Ideologien mich nicht im Geringsten interessierten.

Inzwischen trotteten wir einen lehmigen Pfad entlang. Außer Steinen und Erde war ringsumher nichts zu sehen. Doch wenn ich nach oben blickte, sah ich eine vollkommen weiße Schneefläche. Seit Stunden waren wir keinem Menschen mehr begegnet. So weit das Auge reichte, nichts als Berge und Täler. Wieder stöhnte ich. »Wie lange dauert es noch, Chandu?«

»Es dauert lange, Sahib«, sagte er und trieb seinen Esel an.

Obwohl hier oben in den Bergen alles eine größere Bedeutung zu haben schien, hatte ich noch nicht herausbekommen, wer nach mir gerufen hatte. Oder hatte ich mir die Stimme bloß eingebildet? Chandu Fragen zu stellen, war ziemlich sinnlos. Zum einen schüchterte er mich mit seiner Weisheit ein und zum anderen ärgerte er mich mit seiner Dummheit. Außerdem strengte der Ritt mich inzwischen an, und ich konnte es mir nicht leisten, Chandu zu verlieren, bloß weil ich frustriert war. Ich befand mich mitten im Nirgendwo, ohne die geringste Ahnung, wo die nächste Siedlung war, und nur er konnte mich am Leben erhalten. Ich hasste es, so abhängig von jemandem zu sein.

Der Weg führte jetzt direkt am Abgrund entlang und wurde beängstigend schmal. Ein falscher Schritt meines Esels würde uns beide in ein Leben jenseits der materiellen Welt befördern. Ich blickte auf die Wolken hinunter, die unter uns im Tal schwebten. Auch sie würden meinen Sturz nicht auffangen und mir nicht das Leben retten, falls ich von diesem tückischen Pfad abrutschen sollte.

Erst spürte ich, wie der Esel stolperte, und dann nahm ich das Beben war. Mir rutschte das Herz in die Hose. Meine düstere Vorahnung sollte Wirklichkeit werden. In der Ferne lösten sich einige Felsbrocken und krachten donnernd ins Tal hinunter. Mein Esel geriet in Panik und versuchte, mich abzuwerfen. Ich klammerte mich an seinem Hals und seiner kurzen Mähne fest und bemühte mich ebenso panisch, oben zu bleiben. Was war los? Bebte tatsächlich der Boden unter mir oder war es vielleicht doch nur der Esel?

Auf der anderen Seite des Tals wurden jetzt Steine und Staub hochgeschleudert, und das beantwortete meine Frage.

Ein Erdbeben.

Ich überlegte, von meinem Reittier abzuspringen, hielt mich dann aber erst recht an ihm fest, denn wenn der Esel ohne mich weglief, musste ich zu Fuß nach Hemkund Sahib gehen – falls ich das Toben der Natur überlebte. Also beugte ich mich vor und schlang dem Esel die Arme um den Hals. Inzwischen bebte das Tier heftiger als der Boden, auf dem es stand, doch mein fester Griff schien es zu beruhigen. Als in der Ferne die Berggipfel wackelten, wurde mir schwindlig. Zum zweiten Mal an diesem Tag schien der Tod mit mir zu spielen.

Was hatte der Sadhu getan? Hatte er wirklich versucht, mein Schicksal, das mich rasch einzuholen schien, zu verändern? Trotzdem sah es ganz so aus, als erwarte mich in naher Zukunft unausweichlich der Tod, denn ich begegnete ihm ja auf Schritt und Tritt.

»Erdbeben, Sahib«, sagte Chandu ruhig, als ein Felsblock auf uns zugerollt kam. Nur wenige Meter vor uns blieb er auf dem schmalen Pfad liegen.

Mein Wissen zu diesem Thema war begrenzt und ungenau, aber demnach sollten in den Bergen eigentlich keine Erdbeben stattfinden. Mein achtzehnjähriger Begleiter jedoch wirkte völlig gelassen, woraus ich schloss, dass es sich bei diesem Beben möglicherweise um ein normales Phänomen hier oben handelte.

»Ein Erdbeben in den Bergen?« Ich versuchte, meine Besorgnis hinter der Frage zu verbergen.

»Das ist im Gebirge normal«, erwiderte Chandu träge, als hätte er schon ein Dutzend Erdbeben am Tag erlebt und als sei es ganz normal für ihn, sie zu überleben.

Ich musterte ihn, suchte nach Anzeichen für kriminelle oder psychotische Tendenzen, aber er sah so unschuldig aus wie ein junger Heiliger. Seine Gesichtszüge waren klar, sein Blick war offen, und seine Stimme hatte etwas Schalkhaftes und Unbeschwertes. Er wirkte so rein, dass ich ihm nichts Böses zutraute.

Als ich mein Smartphone herauszog und herumschwenkte, hatte ich wieder mal keinen Empfang. Hätte ich doch bloß zu der Stelle zurückgekonnt, wo ich wenigstens den einen jämmerlichen Signalbalken auf dem Display gehabt hatte, dann hätte Google mich von meiner Verwirrung erlöst. Aber die Berge zerreißen alle materiellen Bindungen und fordern uns auf, höhere, geistige Verbindungen einzugehen.

»Der Himalaya ist vor dreißig bis fünfzig Millionen Jahren in mehreren Stufen entstanden, Sahib«, erklärte Chandu. Er stand neben mir, betrachtete die Gipfel ringsherum und ließ mich in der Skibrille einen Blick auf mein Gesicht werfen. Ich muss sagen, dass die Brille ihm wirklich gut stand. Ja, er wirkte damit wie ein entspannter Tourist, und ich sah in meinem mitgenommenen und aufgewühlten Zustand wie sein Träger aus.

»Die Berge wurden durch mächtige Erdbewegungen geschaffen, die entstanden, als die indische Kontinentalplatte die eurasische Platte rammte.« Chandu klatschte in die Hände, um den Zusammenstoß zu veranschaulichen. Ohne eine Erlaubnis oder Aufforderung abzuwarten, begann er sogleich mit der nächsten Geschichte über die Berge. »Auch heute noch entwickelt und verändert sich das Gebirge weiter, Sahib«, flüsterte er. »In dieser Gegend gibt es häufig Erdbeben und Erdstöße.« Er zog seinen Esel so nah an meinen heran, dass die Tiere sich fast berührten. »Die Berge wirken unbeweglich, Sahib, aber das sind sie nicht. Sie bewegen sich, sie sind lebendig und sie sprechen. Sie sind unsere Seelenverwandten.« Bei dieser Vorstellung schauderte es mich. Als ich einen raschen Blick auf das Gebirge warf, erschien es mir absolut reglos. Doch just in diesem Moment begann ein weiteres Beben. Diesmal war es sehr stark, und ich hörte, wie sich ein Ächzen durch die Berge fortpflanzte. Ich wartete darauf, dass ich in Panik geriet, und forschte in Chandus Gesicht nach einer Reaktion auf dieses erneute Beben, aber er weigerte sich, diesem Naturphänomen die gebührende Beachtung zu schenken. Es war nicht so, dass er seine Angst überspielt oder verleugnet hätte – nein, er fürchtete sich tatsächlich nicht. Ich versuchte, mir seine ruhige Ausstrahlung anzueignen und meinen aufbegehrenden Magen zu beschwichtigen.

»Die Berge sind lebendig, Sahib.« Chandu lächelte, als sei das Erdbeben eigentlich ein Glück verheißendes Vorzeichen. Vor uns explodierte mit lautem Knall ein kleiner Hügel, ein paar Steine spritzten heraus und rumpelten ins Tal hinunter. Meine Angst ließ allmählich nach, und ich war nur noch fasziniert von diesem wunderbaren Anblick der tätigen Natur. Während mein Esel ausrastete und wie verrückt schrie, schien Chandus Reittier ruhig zu bleiben und das Beben nicht weiter zu beachten. Zu unserer Linken brach der Hang ab und rutschte ins Tal hinunter, und wir klammerten uns an die nackte Felswand hinter uns, weil wir kaum noch genügend Platz zum Stehen hatten. Dann wurde es genauso plötzlich, wie die Echos der Explosionen das Tal mit Lärm erfüllt hatten, wieder still.

Nach einigen ruhigen Minuten konnte ich schließlich erleichtert aufatmen.

»Was machen wir denn jetzt, Chandu?« Bei einem weiteren Beben konnte der schmale Pfad unter uns ganz wegbrechen, und dann würden wir mit abrutschen. Vielleicht bedienten die Berge sich, wenn sie mich riefen, der Stimmen von ruhelosen Geistern unschuldig umgekommener Reisender?

»Wir warten, Sahib. Auf einen neuen Weg.« Chandu blickte sich nach etwas um.

»Da ist er schon.« Er klatschte dem Esel mit der flachen Hand auf den Hals, und das Tier ging auf dem schmalen Pfad weiter. Auf der Grenze zwischen Leben und Tod schritt es auf den Hügel zu, der gerade Steine gespuckt hatte und aus dem jetzt eine Rauchwolke aufstieg. Ich reckte den Hals, um zu sehen, wohin Chandu wollte. Ich hatte Angst, das Gleichgewicht zu verlieren und abzustürzen, dieses Mal in den sicheren Tod. Hier in den Bergen schien hinter jeder Biegung der Tod zu lauern. Zweimal war ich ihm schon ganz nah gewesen – nein, eigentlich dreimal. Während mein Esel sich langsam vorwärtstastete, sah ich plötzlich, was Chandu meinte. Etwa hundert Meter vor uns in einer Kurve erwartete uns ein dunkler Eingang.

»Was ist das?« Ich fühlte mich hilflos, doch dieser unbekümmerte Achtzehnjährige, dem ich auf Gedeih und Verderb ausgeliefert war, schien zu wissen, was er tat.

»Das ist ein neuer Weg, Sahib. Der Berg schafft uns einen Weg zu unserem Ziel.« Chandu ritt zuversichtlich weiter, ohne sich wegen des Loches zu sorgen, das todbringend nur wenige Zoll links von uns klaffte.

Ich hielt nicht viel davon, mich in eine neu entstandene Höhle zu begeben – das war keine gute Idee, fand ich. Aber war es sinnvoll hierzubleiben? Eigentlich hätte ich gerne einen Weg nach Govindghat zurück gesucht und dort auf Jay gewartet. Doch einen Weg zurück gab es jetzt nicht mehr. Und es gab auch keine Stelle, an der wir erst einmal hätten abwarten können. Uns blieb nur der Weg nach vorn, jener Weg, den der Berg für uns bestimmt hatte, damit wir unser Ziel erreichten. Ich verstand das nicht, so wie ich vieles nicht verstand, auch wenn ich aufgrund meines männlichen Egos so tat, als würde ich es verstehen. Vermutlich sollte ich auf dieser Pilgerreise lernen, dass man das Leben am besten versteht, wenn man seine eigenen Erfahrungen sammelt. Alles andere ist Spekulation.

Wir gelangten an den Eingang zu einer dunklen Höhle, aus der immer noch Rauch herausquoll, ein grauer, ascheähnlicher Staub. Mein Esel hielt sich dicht hinter Chandus Tier. Als ich zurückblickte, hätte ich schwören können, dass der Pfad hinter uns jetzt deutlich breiter war als gerade eben noch, als wir ihn entlanggeritten waren. Die Landschaft hinter uns wirkte friedlich. Es war nichts Beängstigendes oder Bedrohliches mehr zu sehen. Das Gebirge verhält sich Reisenden gegenüber mitunter merkwürdig.

»Wir reiten in den Tunnel hinein, Sahib«, verkündete Chandu und senkte den Kopf zum Gebet.

»Wo führt er denn hin?« Ich bemühte mich, meine Panik hinter einer gelassenen Stimme zu verbergen, ein Trick, den die meisten Männer lernen.

»Zu unserem Ziel, Sahib.« Chandu drehte sich um und schaute mich an. Dann trieb er seinen Esel vorwärts, und ganz gemächlich betrat das Tier den Tunnel.

Mein Esel folgte ihm auf den Fersen, ohne dass ich ihn antreiben musste. Ich schluckte meine Angst herunter, aber sie wühlte in meinem Magen weiter.

»Arjun!« Die Stimme und ihre Echos brachen sich an den Bergketten und stachen wie Dolche in meinen Körper. Mein Sturz blitzte in Erinnerungsfetzen vor meinen Augen auf. Wer rief da nach mir? Ich drehte mich so schnell um, dass ich fast von meinem Esel fiel. Niemand war zu sehen, aber die Stimme rief weiter. Ich wollte umkehren und auf ihn oder sie warten. Wenn es nun Jay war? Oder konnte es vielleicht Maya sein? Hatte sie es sich anders überlegt? Wer mochte das bloß sein?

»Hast du das gehört, Chandu?«, rief ich. »Die Stimme? Chandu!«

Aber Chandu antwortete nicht.

Der Tunnel hatte ihn bereits verschluckt.

Die blaue Hand

Den Esel kümmerten weder mein Wille noch meine Befürchtungen. Er trottete geradewegs in den Tunnel hinein, und mir blieb keine andere Wahl, als mich gehorsam tragen zu lassen. Von einem Esel in Sicherheit gebracht zu werden, ist manchmal besser, als sich von der eigenen Neugier in Gefahr bringen zu lassen.

Der Tunnel war dunkel und niedrig. Wenn der Esel schwankte, schrammten meine Füße und Knie an den steinernen Wänden entlang. Ich musste den Kopf gesenkt halten, und wieder und wieder schaute ich mich nach der rasch kleiner werdenden hellen Öffnung hinter mir um. Mein Herz klopfte wie verrückt, denn im Kopf hörte ich immer noch die Echos meines Namens. Wer war das gewesen? Wer hatte mich gerufen? Immer wieder stellte ich mir diese Fragen.

Die Tunnelwände warfen das leise Echo der Hufschläge zurück, und der helle Tunneleingang hinter mir wurde zu einem winzigen Punkt und verschwand dann ganz. Völlige Finsternis umgab mich. Ich fürchtete mich und hätte gern nach Chandu gerufen, aber ich blieb still, denn ich schämte mich, meine Angst laut hinauszuposaunen. Chandu war vor mir in den Tunnel geritten, wir befanden uns also beide in der gleichen steinernen Röhre, und außerdem schien der Esel zu wissen, wo er hinging. Folglich konnte mir nichts geschehen. Oder doch? Vielleicht hätte ich gar nicht hier sein sollen? Da draußen hatte jemand nach mir gerufen. Hatte er oder sie versucht, mich zu warnen?

»Es ist gut, dass Sie nicht umgekehrt sind, Sahib. Der Berg ruft Sie, und sein Ruf bedeutet niemals, dass man umkehren soll, sondern man muss immer vorwärtsgehen.« Bei Chandus Worten wurde es hell, und ich sah das Licht am Ende des Tunnels. Auch das Geräusch von strömendem Wasser drang in den engen Gang.

»Wie kann der Berg mich rufen?«, fragte ich verzweifelt. Ich brauchte eine Erklärung, und ich war sogar bereit, Chandus unglaubliche Geschichten zu ertragen, wenn ich bloß irgendeine Antwort bekam.

»Genau so, wie Sie es eben gehört haben, Sahib.« Chandus Zähne blitzten auf, als er mir plötzlich zulächelte.

Dieser Bursche war unmöglich. Nicht zu fassen, dass ich von ihm erwartet hatte, die Verwirrung aufzulösen, die meine Seele erfasst hatte. Aber wieso erwartete ich eigentlich, dass Chandu mir Antworten auf die schwierigen Fragen in meinem Leben gab? Warum zog ich andere in meine Sorgen hinein? Wann würde ich lernen, andere

Menschen sie selbst sein zu lassen, statt von ihnen zu verlangen, so zu sein, wie sie meiner Ansicht nach sein sollten? Konnte es sein, dass die Hälfte meiner Probleme sich von selbst lösen würden, sobald ich andere sein ließ, wie sie waren?

Auf der anderen Seite des Tunnels empfing uns ein eisiger Wind. Inzwischen war das Wasserrauschen sehr laut. Ich musste schreien, damit Chandu mich hörte. Als ich auf meine Armbanduhr sah, war es elf Uhr, doch ich hätte schwören können, dass es schon drei Uhr nachmittags gewesen war, als ich das letzte Mal nach der Uhrzeit geguckt hatte. Wir waren nur ein paar Minuten im Tunnel gewesen, und schließlich konnten wir doch nicht in der Zeit zurückwandern. Vielleicht hatte dieses merkwürdige Phänomen etwas mit der Erdanziehungskraft oder mit dem Magnetfeld der Berge zu tun? Oder sogar mit dem Erdbeben?

Ich hielt mich krampfhaft an meinem Esel fest, während er sehr vorsichtig aus dem Tunnel heraustrat. Die Landschaft war atemberaubend. Gleich vor uns ragte ein gewaltiger Gipfel auf. Mit seinem reinen Weiß berührte er den Himmel und verband so die materielle mit der geistigen Ebene. Der rasch dahinströmende Fluss, der unter uns toste, grub sich auf seinem Weg ins Tal durch Felsgestein und Geröll. Über ihm zogen Adler niedrige Kreise, und manche hockten auch auf den Felsen und beobachteten auf der Suche nach Beute aufmerksam das schäumende Gewässer. Eine unerklärliche Nervosität ließ mein Herz rasen. Wieder schaute ich auf meine Uhr. Viertel vor elf. Was ging hier vor? Vor wenigen Sekunden war es doch schon elf Uhr gewesen! Die Zeit lief tatsächlich rückwärts. Ich wusste nicht mehr weiter und verlor die Nerven.

»Chandu!«, brüllte ich.

Chandu ritt in aller Ruhe weiter auf den Fluss zu. Sein Esel jedoch reagierte auf meinen wütenden Ruf und blieb stehen.

»Hör mal zu!«, fuhr ich ihn an, als ich ihn eingeholt hatte.

Chandus Lächeln verschwand und machte einer angstvollen Miene Platz. Durch die Skibrille konnte ich seine Augen nicht sehen, aber ich stellte mir seinen überraschten Blick vor. In den Brillengläsern spiegelte sich mein zorniges Gesicht. Mit der leuchtend grünen Paste sah es gespenstisch aus.

»Nimm die verdammte Brille ab!«, herrschte ich ihn an, und der verdutzte Chandu gehorchte sofort. Er schob sich die Brille auf die Stirn und schaute mich mit seinen sanften runden Augen an.

»Was zum Teufel ist hier eigentlich los? Wo reiten wir hin? Warum haben wir Hemkund Sahib noch nicht erreicht? Wohin führst du mich? Wer ruft da nach mir? Bring mich jetzt nach Hemkund Sahib, aber sofort! Ich mache dieses ganze verrückte Zeugs nicht mehr mit! Warum sehen wir hier keine Menschenseele? Wo sind die vielen Pilger? Vom Flughafen nach Hemkund Sahib waren es doch nur zwanzig Kilometer, aber wir sind noch nicht mal in der Nähe. Wer bist du, und warum passiert das hier alles?«, schloss ich ganz außer Atem.

»Es dauert lange, Sahib.« Durch Chandus Antwort wurden meine Fragen rasend schnell zerstreut.

Am liebsten hätte ich ihn erwürgt, und meinen idiotischen Esel gleich dazu. Ich blinzelte hilflos. Wie kann man jemanden weiter anbrüllen, der einem nur ruhig genau das entgegenhält, was er schon die ganze Zeit gesagt hat? »Es dauert lange, Sahib.« Chandus einfache Antwort verblüffte mich. Früher war ich auch so unkompliziert gewesen, und das Leben hatte mir Spaß gemacht. Erst die komplizierten Antworten, Lösungen, Reaktionen und Abwehrmechanismen hatten dann Stress und negative Gefühle mit sich gebracht.

Gerade eben hatte ich Chandu angeschrien. Als Reaktion hätte er böse auf mich werden und mir mein Verhalten vorwerfen können. Er hätte mir ins Gesicht spucken und mich in den Bergen stehen lassen und allein weiterreiten können, oder er hätte zurückbrüllen oder sogar handgreiflich werden können. Er hätte mich als undankbaren Hund beschimpfen können, weil ich ihn schlecht behandelte, nachdem er mir doch das Leben gerettet hatte. Aber Chandu verhielt sich so, wie weise Männer sich verhalten: Er bewahrte Ruhe und sagte trotz meines zornigen Gebrülls das, wovon er überzeugt war – dass es lange dauern würde.

Nach diesem Austausch schob Chandu sich die Skibrille wieder auf die Nase, und ich sah das Spiegelbild meines fassungslosen Gesichts. Ärgerlich stieg ich von meinem Esel und schüttelte meine Uhr. Es war fünf nach halb elf. Warum nur lief die verdammte Zeit rückwärts?

»Sahib, wir müssen weiter. Es dauert lange«, sagte Chandu vorsichtig.

Ich schäumte vor Hilflosigkeit und Wut. »Wie kannst du bloß so ruhig sein, zum Teufel noch mal!« Ich biss die Zähne zusammen, während ich den sorglosen Jungen anstarrte.

»Warum denn nicht? Ich habe nichts getan, was mich beunruhigen könnte. Aber Sie haben viel getan, um sich in einen Zustand hineinzusteigern, in dem Sie nicht mehr Herr Ihrer selbst sind. Warum sollte ich beunruhigt sein, wenn Sie sich selbst etwas angetan haben? Wenn Sie weiterhin rennen, sind Sie bald außer Atem. Und wenn Sie mich dann fragen, warum ich so ruhig atme, erkläre ich Ihnen, dass ich ganz normal atme, weil ich nicht gerannt bin, Sahib.

Ich verstehe Ihre Frustration, aber das heißt nicht, dass ich sie teilen muss. Glauben Sie nicht, dass ich Sie zu Ihrem Ziel führe – ich bin nur zu meinem Ziel unterwegs. Zufällig sind unsere Wege und unsere Ziele die gleichen – deswegen machen wir diese Reise zusammen. Tausende von Pilgern gehen täglich in die Berge, aber unser Ziel hat uns beide heute zusammengebracht. Es gibt keine Zufälle– wir bestimmen unser Schicksal selbst. Wir beide müssen uns sehr ähnlich sein, sonst befänden wir uns nicht gemeinsam hier. Und ich mag Sie, denn ich mag mich selbst.« Chandu wahrte weiterhin Distanz zu mir, aber er lächelte. Dann fuhr er fort: »Die materielle Welt ist von Dualität bestimmt. Aber in einem geistigen Umfeld zieht Gleiches sich an. Sie mögen noch so viel aus Unwissenheit heraus handeln, Sahib, aber Ihr inneres Wissen leuchtet stets durch diese Fassade hindurch. Auch wenn Sie so tun, als hätten Sie keine Ahnung, gehen Sie auf Ihrem Weg doch in der richtigen Weise voran. Ich glaube, Sie trauen sich zu wenig zu. Hören Sie auf, vor sich selbst wegzulaufen – Sie haben nur sich selbst zu verlieren. Bleiben Sie bei sich, bleiben Sie sich selbst treu.« Chandu hatte leise gesprochen, und jetzt spuckte er ein paar Körner aus. Er schien sie selbst zu produzieren, solche Mengen spuckte er aus.

Dieser junge Kerl wühlte mich in tiefster Seele auf. Ich muss ihn lange mit offenem Mund angestarrt haben, denn meine Zunge wurde trocken. Ein Achtzehnjähriger steckte mich in die Tasche. Seine Worte, jedes einzelne, hatten ins Schwarze getroffen. Ich wollte festhalten, was er gesagt hatte, ich wollte darüber nachsinnen, aber es war keine geeignete Situation, um in mich zu gehen.

Ich schaute zum Fluss hinunter. Er war nicht breit, eher ein Bach, und Felsbrocken und vulkanisches Gestein säumten ihn auf beiden Seiten, so jedenfalls schien es mir. Hinter ihm waren die schneebedeckten Gipfel sichtbar.

»Das ist ein Nebenfluss des Indus, der Saraswati, Sahib.« Chandu bemühte sich, Frieden zu schließen, indem er mir weitere historische Details erzählte, gewürzt und gemischt mit seiner absurden Version der Realität.

Ich starrte geradeaus, nicht, weil ich ihn ignorieren wollte oder weil ich in Gedanken versunken gewesen wäre, sondern weil mir hinter einem Felsen etwas aufgefallen war. Zwischen zwei Steinbrocken sah ich eine bläulich graue Hand herausragen. Ich warf Chandu einen Blick zu, um festzustellen, ob er die Hand auch entdeckt hatte. Doch er schaute in den Himmel hinauf und spuckte Samenkörner in die Luft.

»Die sind wirklich weit geflogen, ha!« Chandu war auf seinem Esel sitzen geblieben und schien sich zu freuen, dass ich ihm zuguckte. Hilflos schüttelte ich den Kopf. Ich wurde aus diesem Jungen nicht schlau.

Wieder blickte ich zu den Felsbrocken. Ich rechnete damit, dass ich einer Sinnestäuschung erlegen war, aber die Hand war immer noch da, eine bläulich graue Menschenhand. Hinter dem Felsbrocken musste jemand sein!

»Siehst du das da, Chandu?« Aufgeregt zupfte ich ihn am Bein, um ihn von seinen Körnern abzulenken und ihn auf den Felsblock hinzuweisen. Die Neugier hatte meine Enttäuschung verdrängt, und Chandu freute sich sehr darüber.

»Ja, Sahib«, sagte er ebenso aufgeregt wie ich.

»Was ist das?« Ich wollte wissen, was für ein Phänomen sich hinter dieser Hand verbarg.

»Das ist eine Hand, Sahib«, erwiderte Chandu mechanisch. Im nächsten Augenblick fing ich innerlich an zu kochen, und der Schweiß brach mir aus allen Poren, so absurd war diese Antwort.

»Sollen wir mal nachsehen, wer da ist?«, fragte ich. Ich biss die Zähne zusammen und versuchte, mich zu beruhigen.

»Arjun!« Wieder ertönte die Stimme aus den Bergen, und die Felsen bebten. Ich bekam Herzklopfen.

»Lass uns hingehen und nachsehen«, drängte ich Chandu. Aber wie sollte ich dorthin gelangen, ohne abzustürzen und im Fluss zu ertrinken? Vielleicht kam die Stimme ja von dem Menschen hinter den Felsbrocken, überlegte ich. Ich hatte eine Hand gesehen, und jetzt hörte ich eine Stimme. Etwas ging hier in den Bergen vor, und ich musste herausbekommen, was es war.

»Ich halte Ihren Esel, damit er nicht wegläuft, Sahib.« Chandu bot mir großzügig an, sich um die Sicherheit meines Reittieres zu kümmern, während ich mich in Lebensgefahr begab, indem ich einem wilden Bergwesen nachspionierte. Vielleicht diente die Hand bloß als Köder, um verirrte Pilger zu fangen? Aber schließlich war es mein oberstes Ziel, zu ergründen, wo die Stimme herkam.

Mit Mühe fand ich Halt auf einem Felsstück, das kaum einen Zoll breit war. Unter mir tobte der Fluss. Am Lärm und an der Geschwindigkeit des brausenden Gewässers konnte ich erkennen, dass es wenige Hundert Meter weiter in freiem Fall ins Tal hinunterstürzte, und auch die ausgewaschenen Felsspalten waren ein Zeichen für seine reißende Kraft. Ich hatte gesehen, wie tief das Tal war, und mir war klar, welche Konsequenz ein Sturz aus meiner Höhe haben würde. Sollte ich die Anstrengung und das

Risiko auf mich nehmen, bloß um meine Neugier zu befriedigen? Andererseits hatte ich die geheimnisvolle Hand nun fast erreicht, und meine Wissbegier zu unterdrücken, erschien mir noch mühsamer, als ihr nachzugeben. Also kletterte ich weiter.

Mittlerweile konnte ich die Hand deutlich sehen. Die langen Fingernägel waren gebogen. Die Finger waren so dünn und knochig, dass sie aussahen wie von einem Gerippe, bloß dass sie mit gräulich blauer, staubiger Haut überzogen waren. Adern waren nicht zu erkennen. Ich stand vor einem Rätsel. Nun war ich nur noch einen Meter von der unheimlichen Hand entfernt. Gedanken schossen mir durch den Kopf. Wenn nun jemand plötzlich nach mir griff, mich hinter den Felsbrocken zerrte und tötete und dann auch Chandu und die Esel umbrachte und uns alle in den Fluss warf? Niemand würde jemals davon erfahren. Wie sollte ich mich auf dem schmalen Felsvorsprung am Ufer vorwärtsbewegen, ohne gegen die Hand zu stoßen? Aber zum Glück befand sie sich in etwa einem Meter Höhe, sodass ich mich bücken und unter ihr hindurchtauchen konnte. Dann würde ich vorsichtig hinter den Fels spähen, um das dazugehörige Menschenwesen zu entdecken. Ich hatte Herzklopfen und spürte, wie das Blut in jeder Ader meines Körpers pochte. Wachsam schlich ich auf dem rutschigen Vorsprung vorwärts, tief geduckt und ohne den Blick von der Hand zu wenden. Die knochigen Finger rührten sich nicht. Sie sahen aus, als hätten sie sich schon lange Zeit nicht mehr bewegt.

Gleich hinter der Hand richtete ich mich auf. Ihre geringe Höhe bedeutete, dass der dazugehörige Mensch hinter der Spalte sitzen musste. Ich hielt mich an der oberen Felskante fest und stieg neben der Spalte über den großen Steinbrocken.

»»» «««

Der Anblick des Mannes ließ mich erstarren. Ich sah ein Gerippe vor mir, einen Sadhu, der nur noch aus Haut und Knochen bestand. Dieses Skelett saß auf einem Stein, hatte die langen Beine gekreuzt und die Füße unter die knochigen Schenkel geschoben. Die bläulich graue Haut war eingestaubt. Das Haar war zu einem furchtbar großen Knoten aufgesteckt und ähnelte den Dreadlocks der Aghori-Sadhus. Die Augen der reglosen Gestalt waren fest geschlossen. Auch die schmalen Lippen waren fest geschlossen. Papierdünne Haut überzog die knochige Stirn und die eingefallenen Wangen, und der Hals war nicht dicker als drei meiner Finger zusammengelegt. Rippen und Rückgrat des Sadhus waren deutlich zu sehen und schienen seine Haut fast zu durchstoßen.

Ein zerfledderter Rock aus Blättern bedeckte seinen Schoß, und sein Arm ruhte so auf einem gebogenen Stab, dass die Hand herunterhing, jene Hand, die meine Neugier geweckt und mich hergelockt hatte. Und jetzt stand ich vor einem menschlichen Gerippe und wusste nicht, was ich tun sollte.

Ich überlegte, ob es der gleiche Sadhu sein konnte, der mir das Leben gerettet und mich zu der Reise in die Berge aufgefordert hatte. Aber ich kam zu keinem Ergebnis. Einerseits konnte ich es mir vorstellen, andererseits hielt ich es für unmöglich. Seiner physischen Verfassung nach zu urteilen, musste dieser Sadhu schon viele Jahre hier sitzen.

Er war in Samadhi, also in tiefer Meditation, jedenfalls schien es mir so. Angeblich wimmelte das Himalayagebirge von solchen heiligen Männern, die meditierten, um die Welt zu schützen – um über sie zu wachen und sie zu heilen. War er es, der nach mir gerufen hatte? Er schien nicht einmal Stimmbänder zu haben. Lebte er überhaupt noch? Er wirkte tatsächlich wie ein aufrecht sitzendes Skelett. Ich schaute ihn mir genau an und betrachtete seinen eingesunkenen Bauch. Erst nach einer ganzen Weile meinte ich, eine Kontraktion zu sehen. Was sollte ich jetzt tun? Zurückklettern?

Ein Licht schien mir ins Gesicht. Ich fuhr zusammen und stieß einen Schrei aus. Es war Chandu. Er war ein Stück höher geklettert und schaute jetzt auf mich herunter. Die Gläser der Skibrille hatten den hellen Schnee reflektiert.

»Haben Sie ihn erwischt, Sahib?« Der tosende Fluss war so laut, dass ich Chandus Frage kaum hören konnte, aber das kümmerte mich im Moment nicht. Eine wilde Panik hatte mich erfasst, denn auf einmal war ich überzeugt, dass der Sadhu gleich aufstehen und mich schlagen würde. Schließlich war ich in sein Reich eingedrungen und hatte ihn gestört, und dieser Frevel erschütterte mich tief. Mit schlotternden Knien drehte ich mich um und trat den Rückweg an. Als ich mich gerade tief bückte, um wieder unter seiner Hand hindurchzutauchen, gaben meine Knie nach, und ich verlor auf dem schmalen Felsvorsprung den Halt. Bevor ich michs versah, stürzte ich in den eisigen Fluss des Todes.

Ich bekam einen Ast zu fassen, der aus dem Felsen ragte, und klammerte mich daran fest. Die Strömung war so stark, dass ich das Gefühl hatte, mir würden die Arme abgerissen. Nur mit Mühe und Not gelang es mir, den Kopf über Wasser zu halten und um Hilfe zu rufen. Chandu hatte meinen Sturz beobachtet, sah aber wohl keine Veranlassung, mir zu Hilfe zu eilen. Wie gerne hätte ich jetzt nach der Hand des Sadhus gegriffen, aber sie war außer Reichweite. Die Kälte ließ mich schnell erstarren, aber irgendwie schaffte ich es, mit einer Hand Wasser hochzuspritzen, um den Sadhu aus seinem Samadhi zu holen und auf mich aufmerksam zu machen. Aber der Mann blieb reglos sitzen. In seiner Weltabgeschiedenheit meditierte er vielleicht darüber, die Welt zu heilen, ohne aber zu bemerken, dass soeben nur wenige Meter von seinem physischen Körper entfernt ein Menschenleben zu Ende ging.

Mir war eiskalt, und ich wusste, dass ich schneller erfrieren als ertrinken würde. Unter Aufbietung meiner letzten Kräfte und meines ganzen Lebenswillens griff ich mit der freien Hand nach einem Stein, den ich in der wirbelnden Strömung am Uferrand zu packen bekam, und warf ihn nach dem Sadhu. Wenn er darauf nicht reagierte, war er wirklich tot.

Der Stein traf ihn am Mund, und genau in dem Moment ging ein Beben durch den Fluss. Über mir bildete sich eine hohe Welle. Ich war erledigt. Diese Wassermassen glichen einer Flutwelle, die mich fortschwemmen und über anderthalbtausend Meter tief mit ins Tal hinunterreißen konnte. Sasha und Sarah lächelten. »Hab dich lieb, Dada«, waren die letzten Worte, die ich im Geiste hörte. Doch da spürte ich einen stahlharten Griff, und wie ein Fisch am Angelhaken wurde ich aus dem Wasser gezogen und auf einen Felsblock gelegt.

Der Sadhu sah auf mich herunter. Seine Augen hatten die gleiche Farbe wie seine bläuliche Haut. Ein lebendes Gerippe beugte sich über meinen halb erfrorenen Körper.

An diesem Punkt wünschte ich mir, das alles wäre nur ein Traum, aus dem ich erwachen könnte. Das hatte ich mir auch in den vergangenen Wochen immer wieder gewünscht: Ich wollte einfach die Augen öffnen und aus meinem Albtraum erwachen. Gleichzeitig war mir jedoch bewusst, dass es gar kein Traum war. Wenn man das Leben herausfordert, fordert man auch den Tod heraus. Ich lag auf dem Felsen, und mein Herz zog sich immer wieder krampfhaft zusammen. Zum dritten Mal hatte ich dem Tod ins Auge gesehen.

»Ziehen Sie Ihre Kleidung aus, Sahib!« Jetzt gab Chandu, dieser Mistkerl, mir tatsächlich auch noch Anweisungen zum Überleben! Ich war empört darüber, dass er gesehen hatte, wie ich in den Fluss gestürzt war, dann abgewartet hatte, bis der Sadhu mich gerettet hatte, und mir jetzt Ratschläge gab, wie ich die Kälte überleben sollte, die mir das Hirn gefrieren ließ. Aber schließlich hatte er mir ja eindeutig gesagt, dass er ungern noch einmal die Verantwortung für mein Leben übernehmen würde.

»Ziehen Sie sich aus, Sahib!« Chandu wiederholte seine Anweisung. Ich war sauer auf ihn, aber er hatte recht. Ich musste unbedingt meine nassen Klamotten loswerden, sonst würde ich erfrieren. Manchmal ärgern wir uns so sehr über unsere Nächsten, dass wir ihren Rat nicht befolgen, obwohl sie recht haben. Wir nehmen ihnen ihre Eigenheiten übel und berauben uns auf diese Weise selbst der wertvollen Beiträge, mit denen sie unser Leben bereichern könnten. Weil Maya mich wütend gemacht hatte, redete ich mir ein, dass sie alles falsch sah. Weil meine Vorgesetzten mich so unter Druck setzten, dachte ich, mein Wohlergehen sei ihnen völlig gleichgültig. Und als sie Vernunft annahmen, weigerte ich mich, mir von ihnen helfen zu lassen, und litt.

Mühsam überwand ich die Steifheit in meinen Gliedern und schälte mich aus meinen diversen Kleidungsschichten. Ich schlotterte am ganzen Leib, zu Füßen eines Sadhu, der offenbar nicht nur selbst von den Toten auferstanden war, sondern auch mich aus dem Totenreich zurückgeholt hatte. Blendende Lichtreflexe von Chandus Skibrille, besser gesagt, meiner Skibrille, wanderten über meinen Körper.

»Setz dich auf meinen Stein«, sagte der Sadhu. Die Stimme klang wie ein Echo aus seinem Rückgrat. Muskelbewegungen konnte ich nicht erkennen – anscheinend besaß er keine Muskeln.

Nachdem ich auf den Stein gekrochen war, auf dem der Sadhu gesessen hatte, verstand ich seine Anweisung. Die Lufttemperatur betrug etwa null Grad oder vielleicht auch etwas weniger, aber der Stein war herrlich warm. Ich streckte mich lang darauf aus, um meine halb erfrorenen Gliedmaßen wieder aufzutauen.

Als das Blut wieder einigermaßen normal durch meine Adern strömte, setzte ich mich auf. Jetzt saß ich an der gleichen Stelle, wo der Sadhu gesessen hatte, ohne aber bloß Haut und Knochen zu sein. Die Farbe meiner Haut allerdings war seiner Hautfarbe ganz ähnlich: Ich war blau vor Kälte. Der Sadhu stand neben mir, und jetzt sah ich, dass er ein hochgewachsener Mann war, wenn er sich aufrichtete. Das Haarbündel auf seinem Kopf ähnelte einem hässlichen Lumpensack. Es war der größte, umfangreichste Teil seines Körpers. Der Wind ließ den Staub wie eine Rauchwolke von seinem Körper aufsteigen, und das gab ihm ein unheimliches Aussehen. Regungslos beobachtete ich, wie Lichtblitze über seinen Körper zuckten. Das war Chandu. Er testete meine Geduld, indem er frech mit meiner Skibrille das Licht auffing und reflektieren ließ.

»Danke, dass Sie mir das Leben gerettet haben.« Mir klapperten die Zähne, als ich den Sadhu ansprach. »Sind

Sie das neulich auch gewesen? Haben Sie mich auch nach dem Autounfall gerettet?«

»Du schaffst dir deine Welt selbst. Was andere in deiner Welt tun, hängt von deinen Wünschen, deinen Absichten und deiner Berufung ab. Wer hat dich nach dem Autounfall gerettet? Niemand anders als du selbst. Und wer gerade da war, um den Unfall zu verursachen, ist nebensächlich. Jeder hätte das tun können. Wenn du geplant hättest, heute zu sterben, hätte niemand den Tod von dir abwenden können. Dann wäre deine Absicht trotz meiner Anwesenheit Wirklichkeit geworden. Aber du wolltest leben, und dass ich dir dabei geholfen habe, geschah in Übereinstimmung mit deinen Wünschen.« Der Sadhu sprach langsam. Offenbar gewann er gerade die Fähigkeit wieder, mithilfe der Stimmbänder Töne zu erzeugen.

Wie vor den Kopf geschlagen saß ich vor ihm. Was hatte es mit diesen spirituellen Menschen auf sich? Wie kamen sie auf solche Gedanken? Sie sprachen aus einer inneren Kraft heraus und glaubten wohl, unwissende Menschen wie ich besäßen diese Kraft auch. Dieser Sadhu erschien mir genauso rätselhaft wie der Sadhu, der mich nach dem Unfall gerettet hatte. Oder waren sie doch ein und dieselbe Person?

»Du hast mich befreit.« Eine Schicht bläulicher Staub hob sich von seinen Lippen, und strahlend weiße Zähne kamen zum Vorschein.

Die Wärme des Steins breitete sich in meinem ganzen Körper aus. Energie durchströmte mich wie eine Welle.

Das war kein gewöhnlicher Felsblock. Er besaß Lebenskraft.

Seit ich vor ein paar Tagen dem Sadhu begegnet war, waren mir merkwürdige Dinge zugestoßen. So viel Unbekanntes auf einmal war für mich ungewohnt. In meinem Leben gab es so viele Schwierigkeiten und Hindernisse, dass ich überzeugt war, es würde sich niemals ändern. Probleme, Herausforderungen, Zusammenbrüche, Rückschläge – das war die mir vertraute Welt. Doch seit der Begegnung mit dem Sadhu hatte ich eine ganze Reihe von merkwürdigen Phänomenen erlebt. Ich konnte nicht mehr unterscheiden, ob ich in der Flut von Problemen ertrank oder ob mir herausgeholfen wurde.

Von meinen Klamotten, die neben mir auf dem Stein lagen, stieg Dampf auf. Die Hitze des Steins ließ sie trocknen. Das war surreal. Trotz der Kälte gab es hier heiße Steine, die Energie abstrahlten.

Als der Sadhu sich auf die Knie niederließ, hörte ich seine Gelenke knacken. Er schaute mich durchdringend an. Seine Augen wurden jetzt noch heller, fast weiß, und der bläuliche Farbton verschwand. Ich musste immer wieder seinen Kopf ansehen – der große Schädel, die schmalen Lippen und der erschreckende, massige Haarknoten. Dieser Knoten musste schwerer sein als jeder andere Teil seines Körpers. Ohne Vorwarnung verbeugte er sich jetzt vor meinen Füßen bis auf den Boden.

»Du hast mich befreit«, sagte er, als er sich wieder aufrichtete, und legte die Hände zusammen.

»Ich habe Sie befreit? Wie das? Und wovon?« Erneut klapperten mir die Zähne.

»Du hast mich befreit, indem du meinen Platz eingenommen hast.« Er kniete immer noch mit zusammengelegten Händen vor mir.

»Was meinen Sie damit? Ich … ich verstehe Sie nicht.« Ich schaute auf meine Kleidungsstücke, die mittlerweile trocken zu sein schienen. Wollte er andeuten, dass ich jetzt ein Sadhu geworden war, nur weil ich auf seinem Stein saß? Ich war verwirrt.

Der Sadhu sah aus, als wollte er sein Programm mit aller Entschiedenheit durchziehen, und weil ich inzwischen die Kräfte dieser heiligen Männer kennengelernt hatte, war mir klar, dass ich ihm auf Gedeih und Verderb ausgeliefert war. Aber wenn es sein musste, wollte ich einfach wegrennen, auch wenn ich splitterfasernackt war.

»Ich habe so lange darauf gewartet, dass du kommst und meinen Platz einnimmst und mich befreist. Danke. Nicht viele gelangen an diesen Punkt. Die Wartezeit war lang.« Er verbeugte sich wieder und berührte meine Füße. Dann erhob er sich und wandte sich zum Gehen. Mein Körper klebte an der Wärme des Steins. Als ich versuchte aufzustehen, spürte ich wieder die beißende Kälte. Sie schlug ihre eisigen Zähne in mein Fleisch, und erneut ließ ich mich auf dem Stein nieder.

»Warten Sie, Sie dürfen mich nicht hierlassen. Halt! Bitte warten Sie!«, flehte ich. Zu meiner Überraschung blieb der Sadhu tatsächlich stehen.

»Halte mich bitte nicht auf mit solchen Worten.« Er faltete die Hände und sah mir in die Augen. Mittlerweile waren seine Augen braun und jung und hypnotisierten mich. Ungläubig erwiderte ich seinen Blick.

»Ich werde Ihren Platz nicht einnehmen, bitte hören Sie mir zu«, flehte ich ihn an. »Ich will kein Sadhu sein. Ich will hier nicht bleiben. Ich habe eine Zukunft vor mir, und Sadhu zu werden passt da gar nicht rein. Ich möchte Sie nicht ersetzen und bis in alle Ewigkeit hier herumsitzen.«

Der Sadhu machte ein säuerliches Gesicht. »Bitte, sprich nicht so«, bat er mich jetzt. »Mit deinem Widerspruch bindest du uns beide.« Ich kapierte gar nichts mehr. Misstrauisch schaute ich erst ihn an und dann meinen Berg von Kleidungsstücken.

Chandu hielt sich die Hand vor den Mund, um sein Gelächter zu verbergen. Er war unparteiisch, und meine Situation interessierte ihn nicht weiter. Er hielt es nicht für nötig, ein Wort für mich einzulegen oder sich in anderer Weise für mich einzusetzen oder überhaupt einzugreifen. Seine Einstellung, dass ich mit meinem Leben allein klarkommen musste, verblüffte mich nach wie vor.

»Ich ziehe mich jetzt an«, sagte ich mit klappernden Zähnen. »Bitte, laufen Sie nicht weg. Lieber würde ich sterben, als Ihren Platz hier auf dem Stein einzunehmen.« Erneut drang mir die Kälte in die Knochen, und ich zitterte am ganzen Körper.

»Deine Absicht bindet mich. Ich kann mich erst entfernen, wenn du mich freigibst.« Der Sadhu hob eine Augenbraue. »Wenn zwei Menschen sich nicht einig sind, bleiben beide an Ort und Stelle. Ihre Zwietracht führt dazu, dass keiner von beiden sich fortbewegen kann. Und weil keiner sich entfernen kann, wird der eine dem anderen zur Bürde.« Der Sadhu formulierte die tiefschürfenden Erklärungen so schlicht, wie ich sie noch nie gehört hatte.

»Sie brauchen tatsächlich meine Erlaubnis, um frei zu sein?« Ich wunderte mich.

»Ich bin eine freie Seele. Für meine Freiheit brauche ich deine Erlaubnis nicht. Allein durch deine Anwesenheit hat meine Zeit hier ihr Ende gefunden. Ich brauche nur deine Einwilligung, dass du meinen Platz auf diesem Stein einnimmst«, sagte er ruhig.

»Auf keinen Fall. Ich will hier nicht sitzen. Ich bin aus einem bestimmten Grund hergekommen, verstehen Sie?« Ich versuchte, mit dem Sadhu zu diskutieren. »Ich muss nach Hemkund Sahib und dort ein violettes Band abknoten.« Ich erzählte von meiner Begegnung mit dem Sadhu in der Nähe von Shimla und dem Grund für meine Pilgerreise durch die Berge.

Der Sadhu hörte mich geduldig an und lächelte, als ich fertig war. »Ich bewundere dich für den Mut, herzukommen und Antworten und Erlösung zu suchen. Deine Seele hat Feuer gefangen. Aber wenn du gestattest, würde ich jetzt gern gehen«, sagte er zu meiner großen Bestürzung.

»Nein, bitte nicht. Ich muss doch selbst gehen«, sagte ich hartnäckig. Ich war ziemlich ärgerlich, dass der Sadhu nicht einsah, wie wichtig es für mich war, nach Hemkund Sahib zu gelangen. Gerade eben erst hatte ich ihm doch erklärt, was diese Pilgerreise für mein Leben bedeutete.

»Dann gehen wir beide nirgendwohin, bis wir uns geeinigt haben.« Friedlich verschränkte der Sadhu die Arme. Offenbar hatte er es nicht eilig, und da er sich ja bereits mitten im Nirgendwo befand, hatte er nichts dagegen, sich noch etwas länger dort aufzuhalten.

Ich konnte mich kaum bewegen, um meine Kleidungsstücke aufzuheben. Der Sadhu blieb ganz still stehen. Auf einmal hatte ich die Vorstellung, dass er mich in den Fluss stoßen könnte, aber dann sagte ich mir, dass er mich ja brauchte. Wer sonst sollte ihn auf dem Stein ersetzen?

Meine Kleidung war tatsächlich trocken und schön angewärmt. Ich zog eine Schicht nach der anderen an und zum Schluss den Mantel. Ich musste mir etwas überlegen, um aus dieser Situation herauszukommen.

Der Sadhu wartete geduldig, ließ mich aber nicht aus den Augen.

Schon während ich mir den Pullover über den Kopf zog, hatte ich mir eine Erwiderung zurechtgelegt, und nun sagte ich zu ihm: »Ich bin unterwegs nach Hemkund Sahib. Dort treffe ich mich mit meinem Freund, und dann will ich nach Hause. Ich habe mit Ihrem Programm, mit Sadhana und Meditation und so, nichts am Hut. Soweit ich weiß, ist Sadhana eine Art spirituelle Praxis, die heilige Männer wie Sie üben. Aber davon bin ich weit entfernt. Ich werde den Grad Ihrer spirituellen Entwicklung niemals erreichen. Am besten ist es, wenn Sie jetzt Ihrer Wege gehen und ich meinen eigenen Weg weiterverfolge.« Ich sah mich nach Chandu und den Eseln um. Wenn wir zu irgendeinem Ergebnis kommen wollten, mussten wir uns einigen. Und wenn es zu einer Einigung kommen sollte, dann nach meinen Wünschen – ich würde an meinem Ziel festhalten.

Chandu saß auf seinem Esel und lächelte vor sich hin. Sein Gesichtsausdruck zeugte von einem Verständnis, das in Anbetracht seines beschränkten, mit Sagen und Legenden vollgestopften Hirns ungewöhnlich war. Wieder ärgerte ich mich über ihn. Er sah doch, dass ich Probleme hatte, und er hätte sich einmischen können. Er hätte dem Sadhu alles erklären können, schließlich waren sie beide Einheimische. Doch er saß einfach auf seinem Esel, passte auf meinen Esel auf und wiederholte, dass der Weg nach Hemkund Sahib lang war.

Ich hatte ein wenig über Hemkund Sahib recherchiert und dabei auch etwas über die Aghori-Sadhus gelesen. Sie sind bekannt dafür, dass sie unsere gesellschaftlichen Normen auf extreme, bizarre Weise verletzen. Zum Beispiel heißt es, dass sie in Ritualen das Fleisch menschlicher Leichen essen und auch Urin und Kot verzehren. Auch weiß man, dass sie aus menschlichen Schädeln Schalen und Schmuckstücke herstellen. Viele Aghori-Gurus sind in der ländlichen Bevölkerung sehr angesehen, weil sie angeblich durch ihre Rituale und ihr intensives Praktizieren von Entsagung und Askese wunderbare Heilkräfte gewinnen. Ich überlegte, ob dieser ausgemergelte Mann wohl ein Aghori-Sadhu war. Mit der Kraft, die er bewiesen hatte, und mit seiner äußeren Erscheinung passte er genau in dieses Bild.

»Du bist hierhergerufen worden.« Der Sadhu versuchte wieder, mich mit seinem Blick zu hypnotisieren, genauso, wie der Sadhu in Shimla es getan hatte. »Und dein Heil liegt darin, meinen Platz einzunehmen.«

»Was wissen Sie von mir?« Besorgt schaute ich ihn an.

»Dass du nicht der bist, der du sein möchtest. Ich weiß, dass zwischen dem, was du dir wünschst, und dem, was du bisher erreicht hast, Welten liegen, vielleicht sind es sogar entgegengesetzte Pole. Ich weiß, dass du am Rand deiner Welt stehst und auf eine Brücke wartest, die dich mit der Zukunft verbindet, mit einer Zukunft, auf die du immer weniger Hoffnungen setzt. Ich weiß, dass du deine Welt jetzt in Ordnung bringen musst, jetzt oder nie.« Der Sadhu sprach mit tiefer Stimme, und die Worte schienen direkt aus seiner Seele aufzusteigen.

Ich begann, auf den großen Felsbrocken hinaufzuklettern. Natürlich wollte ich meine Seele erlösen, aber ein Band abzuknoten erschien mir einfacher, als mich hinzusetzen und über all das nachzudenken, was ich mühsam zu vergessen suchte. Ich wollte nicht auf das hören, was der Sadhu da sagte. Seine Worte öffneten die Tür zu einem Raum voller Düsternis, die nur darauf wartete, mich zu verschlucken. Diese Tür sollte am besten sofort wieder geschlossen werden, und zwar für immer.

Am Flussufer entlang auf dem gleichen Weg zu flüchten, auf dem ich gekommen war, war mir zu riskant, und außerdem traute ich dem Sadhu nicht. Ich wollte mich in Sicherheit bringen, in Chandus Nähe, bevor ich weiter mit ihm sprach. Er schien Kräfte zu besitzen, die mich zu seiner Marionette machen konnten.

»Hier, ich helfe Ihnen.« Der Sadhu eilte zu mir und bückte sich, er bot mir an, auf seinen Rücken zu klettern, damit ich den Felsen besteigen konnte. Ich sah die Wölbungen seiner Wirbelsäule und seine einzelnen Rippen. Einen Moment lang zögerte ich und überlegte, ob ich noch andere Möglichkeiten hatte. Dann zog ich mich auf seinen Rücken hoch und kletterte auf den Felsblock darüber. Der Sadhu sprang mir nach und stellte sich neben mich. Er mochte gebrechlich wirken, aber er besaß übermenschliche Kräfte. Er sprang auf den nächsten Felsblock und streckte mir die Hand hin. So kletterte er von Felsblock zu Felsblock und zog mich nach, bis wir schließlich wieder oben auf dem Weg standen. Chandu kam mit meinem Esel im Schlepptau angetrabt. Er strahlte unter der Skibrille.

»Pranam«, begrüßte er den Sadhu, legte die Hände zusammen und verbeugte sich vor ihm. Dieser hob in einer segnenden Geste die Hand in seine Richtung.

»Bitte mal herhören«, unterbrach ich die beiden.

»Wir wollen uns ein bisschen unterhalten, Sir. Wie ist Ihr Name?« Ich übernahm die Kontrolle über die Situation und lud den Sadhu zu einem Spaziergang ein.

»Ich habe keinen Namen. Ein Name bindet seinen Träger und engt das Dasein ein.« Er zuckte die Achseln.

Was sollte das denn jetzt? Wenn ich diesen seltsamen Mann und seine Philosophie richtig verstehen wollte, konnte das ein sehr langer Spaziergang werden. Doch andererseits war ein langer Spaziergang eine tolle Idee, denn dann würden wir uns weit von dieser Stelle hier entfernen, und es würde leichter für mich sein, diesem beunruhigenden Sadhu wegzulaufen.

»Ich heiße Arjun. Und das soll mich also binden und einengen?«, fragte ich spöttisch.

»Du reagierst auf deinen Namen, und folglich beschränkst du deine Verantwortung, deinen Wirkungskreis und dein Vorstellungsvermögen auf die Grenzen deines Namens und die Situationen, in denen du gerufen wirst. Wenn also jetzt jemand nach Chandu rufen würde, würdest du nicht reagieren, stimmt's? Du würdest dich nicht angesprochen fühlen und hättest zu dem ganzen Zusammenhang und der Aufgabe keine Beziehung. Aber wenn du keinen Namen hättest und jemand nach Chandu rufen würde, würdest du reagieren. Du würdest auf jeden Ruf reagieren, auf jede Aufgabe. Weil du keinen Namen hättest, wärst du jeder und alles. Und wenn du bei jedem Ruf im Mittelpunkt stehst, wirst du der Welt gewahr, du wirst für die Welt verantwortlich und kannst Veränderungen bewirken. Ohne Namen hast du die Freiheit, zahllose Identitäten anzunehmen und das Reservoir grenzenloser Energie anzuzapfen. Die Spannbreite dessen, was du tun kannst und wofür du verantwortlich sein kannst, kann dann unendlich groß sein. Die sicherste Methode, um sie zu beschränken, besteht darin, einen Namen zu bekommen und dann darum herum eine Identität und ein Leben aufzubauen.«

Ich war sprachlos. Während ich versuchte, den Sadhu zu überreden, mich gehen zu lassen, fesselte er mich mit seiner Weisheit. Wenn ich auch nur einen Bruchteil dessen verstand, was er da sagte, war ich es gerade, der ein Opfer seiner Pläne wurde.

In spiritueller Hinsicht besaßen seine Erkenntnisse eine große Tiefe – selbst wenn es um etwas scheinbar so Alltägliches wie den Namen ging. Ich hatte mehr von ihm gehört, als ich erwartet hatte. Obwohl ich die Frage einfach gestellt hatte, um Small Talk zu machen, hatte er sie aufrichtig beantwortet. Seine Ernsthaftigkeit erstaunte mich. Der Grund für unseren gemeinsamen Weg waren Uneinigkeit und Meinungsverschiedenheiten, aber die Wahrhaftigkeit seiner Interaktion mit mir war davon nicht betroffen.

Lange Zeit hatte niemand mehr in dieser Weise zu mir gesprochen. Um ehrlich zu sein, ich hatte noch nie ein so bedeutungsvolles Gespräch mit jemandem geführt. Ich war nie ein eifriger Leser gewesen, und in meinen Gesprächen ging es meistens um die Arbeit oder um unwichtigere Angelegenheiten, oder es waren einfach Streitereien. Mit diesem Sadhu war es anders. Er war eine eigentümliche Persönlichkeit, unnachgiebig, authentisch, weise und kindlich. Er kicherte und lachte sogar noch, während er seine weisen Worte sprach. Vor meiner Fahrt nach Shimla hatte ich nie eine persönliche Begegnung mit einem Sadhu gehabt, aber ich hatte angenommen, dass diese heiligen Männer ruhig und gefasst waren, anders als dieser aufgedrehte, energiegeladene und lustige Mensch, der mich mit seinem Widerspruch fesselte. Er war klug und witzig. Ich ärgerte mich, dass er mich in die Falle einer Meditation ohne absehbares Ende locken wollte – aber auf eine merkwürdige, unheimliche Art fing ich an, ihn zu mögen.

»Wer sind Sie?« Ich bemühte mich, meine neu gewonnene Zuneigung zu ihm zu ignorieren.

Chandu lauschte unserer Unterhaltung wie ein loyaler Sekretär, er lachte leise und nickte, wenn der Sadhu sprach.

»Ich bin das Universum. Ich bin alles, was es geben kann, und noch mehr.« Er lächelte, und Chandu kicherte zustimmend.

»Dann müssten Sie doch frei sein. Warum brauchen Sie mich dann noch, um Sie freizugeben?« Ich drehte mich um. Der Stein, den wir verlassen hatten, war immer noch zu sehen. Vielleicht konnte ich ihm noch ein paar weitere Fragen stellen, so lange, bis ich sicher war, dass der Weg sich verändert hatte und wir nicht mehr zurückfinden würden.

»Dein Sadhana entsteht nicht dadurch, dass du auf einem Stein sitzt. Dein Ziel lässt dich auf dem Stein sitzen und führt dich auch zu deinem Sadhana. Ich habe mein Ziel erreicht, aber mein Sadhana wird andauern. Ich kann den Stein nur verlassen, wenn ein neues Ziel das meinige ersetzt. Wenn ein Ziel erreicht wurde, muss es durch ein neues ersetzt werden, sonst wird das Gesetz des Universums gebrochen. Das Leben ist zielgerichtet. Wenn eine Sequenz beendet ist, beginnt eine neue. Ich habe meine Sequenz beendet, und du befreist mich, indem du eine neue beginnst.«

Als ich schwieg, fuhr er fort:

»Wenn ich diesen Stein verlasse, verliert er seinen Sinn. Daher muss ich ihn so lange besetzen, bis der nächste Pilger vorbeikommt und durch sein Sadhana seine Freiheit finden will. Folglich kann ich erst in Freiheit fortgehen, wenn du meinen Platz auf dem Stein einnimmst.«

»Was ist denn dieses Sadhana?«, fragte ich. »Sitzt man einfach da und meditiert jahrelang? Oder schläft man ein wie Rip Van Winkle und wacht wieder auf, wenn jemand einen findet und bereit ist, den Platz einzunehmen?«

Chandus Lachen unterbrach uns. Verwirrt schauten der Sadhu und ich ihn an. Der junge Mann hielt sich den Bauch, dann wedelte er mit den Händen, klatschte seinem Esel auf den Hals und schüttete sich aus vor Lachen. Schließlich schob er die Skibrille hoch, um sich die Tränen aus den Augen zu wischen. Mein ernstes Gesicht schien ihn zu wundern.

»Was ist denn daran so lustig?«, fragte ich.

»Sorry, Sahib. Mir ist bloß gerade ein Witz eingefallen.« Für den Fall, dass sich bei mir wieder gewalttätige Neigungen melden sollten, bestieg er eilig seinen Esel. Sein Gesicht war vor lauter Lachen puterrot.

»Das Sadhana ist nicht das Gleiche wie Meditation.« Der Sadhu führte mich zum Thema zurück. »Es ist nicht so, dass man die Augen schließt und einschläft. Das habe ich hier nicht gemacht. Ich habe nicht geschlafen. Ich war wacher als je zuvor. Man sitzt hier zwischen den Bergen auf diesem ganz besonderen Stein. Er ist voller Lebenskraft und Energie.« Der Sadhu drehte sich um und breitete die Hände aus, um mir durch diese Geste die Größe der Lebenskraft und der Energie zu verdeutlichen. Beides hatte ich bei meinem kurzen Aufenthalt auf dem Stein bereits bemerkt. Die Heilung und die Wärme, die ich sofort gespürt hatte, waren wie ein Wunder gewesen. »Sie kommen aus dem Herzen der Berge – die Lebenskraft und die Freiheit. Dein Sadhana führt dich dorthin.« Während der Sadhu sprach, blies er sich die letzten Staubkörnchen aus dem Gesicht.

Ich war neugierig. Ich hatte das Sadhana für etwas ganz anderes gehalten. Ich selbst hatte angefangen zu meditieren, um den Stress zu bewältigen. Maya hatte Yoga gemacht, um abzunehmen. Spirituelle Praktiken waren bei uns in Mode. Man machte diese Übungen, um materielle Ziele zu erreichen. Sie gaben dem Leben einen gewissen Glanz, brachten aber nie den inneren Frieden, der einem versprochen wurde. Man prahlte mit den spirituellen Übungen, denen man sich unterzog, und die Gurus, die man verehrte, sprachen in Begriffen, die sich auf die reale Welt nicht anwenden ließen. Ich hielt überhaupt nichts von Spiritualität. Ich war ein pragmatischer, praktischer Mensch, der fest in der Realität verwurzelt war.

Ich musterte Chandu. Ob er sich mit diesem ganzen spirituellen Zeug auskannte? Aber er flüsterte gerade wieder eifrig mit seinem Esel. Ich ärgerte mich. Hier fand eine tiefsinnige Unterhaltung statt, die mich möglicherweise ins Verderben führte, und mein Träger plauderte mit einem Esel!

»In dieser Art des Sadhana sorgt der Stein für deinen Körper, daher bist du selbst frei. Du bist frei, das Leben so zu sehen, wie man es ursprünglich sehen sollte, nämlich von der geistigen Ebene aus«, sagte der Sadhu, ohne sich darum zu kümmern, dass ich mich von Chandu und seinem Esel ablenken ließ. »Du hast die Freiheit, alles mitanzusehen. Du hast die Freiheit, alles zu lernen. Und du hast die Freiheit, Veränderungen in der Welt zu bewirken, die du mit deinem Körper nicht bewirken könntest, denn er wäre dabei nur ein Hemmschuh.«

»Sie meinen, man kann irgendwo sitzen und Veränderungen im eigenen Leben vornehmen?«, fragte ich ungläubig. Der Sadhu sprach über die mythologischen Geschichten, die ich als Kind gehört hatte. Wenn die Heiligen in Sadhana waren, konnten sie sogar an der Wohnstätte der Götter rütteln. Sie konnten ihre Umgebung angeblich allein mit geistigen Kräften beeinflussen. Ich hatte diese Geschichten bisher nicht geglaubt, aber jetzt berichtete der Sadhu mir genau das Gleiche. »Das haben die Götter in unseren Legenden gemacht«, stieß ich hervor.

»Und diese Kräfte stehen jedem zur Verfügung. Gott ist spirituelles Potenzial in Aktion. Gott ist ein Ausdruck der wahren Kraft des Geistes. Wenn ein Mensch echtes Mitgefühl lebt, sehen andere die Göttlichkeit. Und wenn jemand sich aus der Asche der Furcht und des Hasses erhebt und die Wahrheit erkennt, dass die Welt nichts als eine Erweiterung seiner selbst ist, beeinflusst er mit diesem Wissen die Welt, und die Menschen sehen Gott.«

Meine Füße fühlten sich an, als hätten sie Wurzeln geschlagen und als hielten sie mich in diesem Augenblick fest. Ich war sprachlos, und der unerklärliche Drang überkam mich, den Sadhu zu umarmen. Er hatte mein Interesse und meine Neugier geweckt, und ich sehnte mich danach, mehr zu erfahren. Das war geniales Marketing. Aber so sehr ich mich auch für seine Worte erwärmte, mit dem Platz auf dem Stein konnte ich mich nicht anfreunden.

»Der Countdown hat schon begonnen, als du hergekommen bist. Wenn deine Uhr stehen bleibt, findet der Stein dich, ganz gleich, wo du bist oder wie weit du mich von ihm fortführst.« Der Sadhu lächelte und zwinkerte mir zu.

Das erklärte, warum meine Uhr nicht normal funktionierte. Sie ging weiterhin rückwärts. Inzwischen war es fünf Uhr morgens. Um drei Uhr nachmittags hatte ich den Tunnel betreten. Ich befand mich auf einer Reise zurück zu meinem Ausgangspunkt.

»Deine Anwesenheit ist ein Zeichen dafür, dass ich abgelöst werde, aber sie befreit mich nicht. Erst wenn du den Platz auf dem Stein bereitwillig akzeptierst und mir erlaubst, dass ich mich entferne, kann ich gehen.« Der Sadhu kniff die Augen zusammen. Er wusste, dass er an mich gebunden war, genauso, wie ich meinerseits an meinen Starrsinn gebunden war.

»Ich möchte dir eine Abmachung vorschlagen«, sagte er dann überraschenderweise. »Diese Verhandlung kann ja noch ewig so weitergehen, und nach dem derzeitigen Verlauf zu urteilen, wird das Ergebnis weder dir noch mir dienen und auch der Welt nicht.« Er hielt inne und nickte Chandu zu. »Ich werde dich prüfen. Wenn du die Prüfung bestehst, bist du frei, wenn du aber versagst, wirst du mich befreien.« Der Sadhu bot mir einen Ausweg an, und gleichzeitig stand er mir im Weg und verlangte, dass ich mich seinen Wünschen fügte.

Chandu richtete mithilfe der Brille die Scheinwerfer auf mich. Er wollte den Gesichtsausdruck, mit dem ich diese Schreckensnachricht aufnahm, nicht verpassen. Ich muss sagen, dass ich bei den Worten des Sadhus tatsächlich nervös wurde. Jetzt hatte er selbst die Kontrolle über seine Freiheit übernommen. »Wenn ich die Prüfung bestehe, dann muss ich Ihren Platz also nicht einnehmen?«, vergewisserte ich mich.

»Wenn du bestehst und mir damit beweist, dass du längst beherrschst, was ich fast ein ganzes Leben lang in meinem Sadhana gelernt habe, dann gehörst du nicht auf den Stein. Dann warte ich weiter auf den Nächsten, den seine Berufung hierherführt«, erklärte der Sadhu.

Prüfungen zu absolvieren, gehörte nicht gerade zu meinen Stärken. Und der Sadhu hatte offensichtlich Ewigkeiten hier gesessen. So, wie sein Körper aussah, mussten es sicherlich ein paar Jahrzehnte gewesen sein. In meinem Leben spielten sich gerade schon genug Katastrophen ab, und wenn ich jetzt auch noch meine Freiheit riskierte, indem ich mich einer Prüfung unterzog, war das nächste Desaster vorprogrammiert.

»Sagen wir doch, ich muss eine von drei Prüfungen bestehen«, verhandelte ich. Auch wenn in der ersten Prüfung alles schiefgehen sollte, hatte ich doch wenigstens die Geschichte mit dem Stein und seiner Verbindung zum Sadhana kapiert. Die zweite Prüfung würde mir dann den richtigen Schliff geben, um die dritte zu bestehen.

Der Sadhu lachte und zeigte dabei seine schönen weißen Zähne und seine blaugraue Zunge, was ihm ein gespenstisches Aussehen verlieh. »Eine von dreien!« Ungläubig sah er mich an. Chandu stimmte in sein Gelächter mit ein, wohl weniger, weil er mich verspotten wollte, sondern eher, weil das Lachen des Sadhu so heiter und ansteckend war. Selbst ich musste jetzt beim Anblick des bestens gelaunten, frisch aus seinem Sadhana erwachten Sadhu lachen.

»Das ist nicht fair, Sahib.« Chandu drohte mir mit dem Zeigefinger.

Am liebsten hätte ich den Jungen geohrfeigt. Ich hatte ihn nicht nach seiner Meinung gefragt. Dieser Deal ging nur den Sadhu und mich etwas an. Als ich Chandus Einschreiten gebraucht hätte, hatte er sich mit dem Esel beschäftigt, und jetzt stand meine Freiheit auf dem Spiel, und er hielt es für nötig, uns mit seiner unerwünschten Meinung zu unterbrechen.

»Abgemacht.« Der Sadhu hob entnervt die Hand, konnte dabei aber nicht aufhören zu lachen. »Also eine Prüfung von dreien.« Er prustete vor Vergnügen.

»Und ich möchte Chandu und die Esel an meiner Seite haben«, fügte ich rasch hinzu, bevor Chandu sich wieder mit einer Zurechtweisung einmischen konnte.

Jetzt verstummte Chandus Gelächter, und er sah mich an. Seine Augen waren hinter der spiegelnden Skibrille versteckt, aber an der Veränderung seiner Miene sah ich, dass er entsetzt war. Selbst Chandus Esel schüttelte den Kopf. Ich weiß nicht, ob das seine Antwort auf meine Forderung war oder ob er damit einfach seine allgemeine Unzufriedenheit über sein Los in seinem Eselsleben kundtat.

»Abgemacht. Eine von dreien und Chandu und die Esel bleiben bei dir«, sagte der Sadhu.

Der Mann hatte so schnell kapituliert, dass mir an seiner Zustimmung etwas faul zu sein schien. Er hatte sich damit zufriedengegeben, dass es nun so lief, wie ich es mir wünschte. Bestimmt würden die Prüfungen alles andere als leicht werden.

»Aber denk daran, wenn du keine der Prüfungen bestehst, nimmst du meinen Platz auf dem Stein ein. Dann wirst du dein Sadhana erfahren, und ich bin frei.« Der Sadhu hob beide Hände, eine Geste, die einen Schwur symbolisierte. Dann klatschte er einmal, um Chandu auf sich aufmerksam zu machen. Das Klatschen hallte von den Bergen wider und ließ meinen jungen Träger zusammenschrecken. Auch er hob die Hände zum Schwur, und ich tat es ihm gleich, um mein Einverständnis zu bekunden.

»Eine von dreien.« Der Sadhu lachte immer noch leise und fing jetzt an, im Kreis herumzutanzen.

»Na ja, aber ich hab noch eine letzte Frage. Wenn ich tatsächlich auf dem Stein sitzen muss und, na ja, mein Sadhana üben soll – was ich übrigens nicht verstehe –, wie lange muss ich dann da sitzen bleiben?«

»So lange, bis du den Sinn deines Sadhanas erkannt hast und jemand dich gefunden hat, um deinen Platz einzunehmen.« Der Sadhu kratzte sich die Stirn, was die drei tiefen Längsfalten noch auffälliger machte.

»Du bist auf meiner Seite, Chandu. Wenn ich gehe, gehst du mit.« Ich nickte ernst in seine Richtung.

»Dauert es lange, Sahib?«, fragte er, und ich schlug mir entnervt die Hände vors Gesicht.

Der Kreis des Lebens

Was hatte ich mir da bloß eingebrockt? Ich hatte den Sadhu beeinflussen wollen, aber nun hatte er Einfluss auf mich ausgeübt. Ich hatte seinem Vorschlag zugestimmt und damit eine ungewisse, beängstigende Zukunft heraufbeschworen.

Ich weiß nicht, wie es geschehen war, aber ich saß schon auf meinem Esel, und wir ritten einen sehr holprigen Pfad entlang. Es hatte zu schneien begonnen, und der Himmel war von dem gleichen eintönigen Weiß wie der verschneite Untergrund. Die Kälte strömte durch meine Nase in meine Lungen, und trotz meiner dicken Winterkleidung zitterte ich. Chandu fand es ärgerlich, dass der Schnee sich auf der Skibrille absetzte, und strich immer wieder mit den Fingern darüber, als wären es kleine Scheibenwischer. Dem Sadhu jedoch machten Wetter und Kälte überhaupt nichts aus, so als wäre er noch mit der Energie und der Kraft des Sadhana-Steins verbunden.

Ein weißer Vorhang verdeckte den Ausblick auf die Gebirgsketten. Der Weg vor uns war zugeschneit. Und auch wenn ich mich umdrehe und zurückschaute, sah ich nur Schnee. Dieser Anblick, der sonst wunderschön gewesen wäre, war für mich heute ein Symbol für die bevorstehende spirituelle Prüfung. Sie würde mich entweder befreien oder an die Berge fesseln, die angeblich eine Verbindung zu meiner Seele hatten.

»Hast du einen bestimmten Ort im Sinn? Eine Präferenz für die Prüfung?« Der Sadhu hielt meinen Esel am Kopf fest und brachte ihn so zum Stehen.

Er war wirklich ein außergewöhnlicher Mann. Er hatte mir nicht nur die Prüfung verkauft, sondern er kümmerte sich anschließend auch noch um meine Bedürfnisse und mein Wohlergehen. Das war ziemlich genau das Gegenteil von dem, womit ich meinen Lebensunterhalt verdiente. Ich verkaufte den Leuten, was sie vermeintlich brauchten, und sobald sie bezahlt hatten, sah ich keine Notwendigkeit mehr, mich weiter mit ihnen zu befassen. Vom Menschlichen her gesehen lag das Marketing auf der untersten Stufe. Der Sadhu jedoch war ein guter Mensch.

»Mir ist jeder Ort recht.« Ich lächelte ihn an.

Ungläubig schob Chandu die Brille hoch, um mein Gesicht genauer betrachten zu können.

»Mit dir ist mir jeder Ort recht«, fügte ich hinzu.

Der Sadhu grinste. Wenn ich Chandu und die Esel zur Unterhaltung bei mir hatte, konnte ich jede Prüfung bestehen.

»Dann kann es ja losgehen.« Der Sadhu fing an zu laufen, und Chandu trieb seinen Esel zu einem schnellen Trab an, um mithalten zu können.

»Wartet!«, rief ich, denn ich wollte nicht zurückbleiben.

»» ««

Mein Esel bequemte sich schließlich dazu, ebenfalls loszutraben, aber schon nach wenigen Schritten blieb er wieder stehen. Durch den Schneevorhang konnte ich überhaupt nichts mehr sehen. Ich trieb das Tier an, aber es weigerte sich stur, weiterzulaufen.

»Chandu!«, rief ich. »Sadhu Ji!« Ich war selbst überrascht, dass ich diese respektvolle Anrede wählte.

Aber sie waren fort.

Ich trat dem Esel kräftiger in die Flanken, doch er stemmte bloß die Beine in den Boden. Daraufhin zog ich ihn ordentlich an beiden Ohren, und im nächsten Moment schlug er mit den Hinterbeinen aus und warf mich ab. Im Fallen streifte ich mit dem Gesicht beinahe sein offenes Maul. Taumelnd landete ich im Schnee und rutschte und plumpste in eine tiefe Spalte. Mein Reittier hatte klug daran getan, keinen Schritt weiterzugehen. In diesem Fall war ich nämlich der Esel gewesen und in die Spalte gestürzt.

Wie ein loser Felsbrocken kullerte ich weiter. Ich landete vor den Füßen des Sadhus.

»Wo ist der Esel?«, fragte Chandu.

»Er wollte nicht weitergehen«, stöhnte ich. »Wo sind wir hier?« Ich schaute mich um.

Wir befanden uns noch in der Felsspalte. Über mir sah ich nichts als eine weiße Decke. Der Schneefall war so dicht, dass ich nicht abschätzen konnte, wie tief ich gestürzt war. Schneeflocken setzten sich auf meine Augenlider und schwebten dann zu Boden, wo sie verschwanden, als würde die Erde sie aufsaugen.

»Wir sind auf der gemütlichen Seite des Berges«, scherzte der Sadhu. »Und auch weiter unten, daher ist es hier wärmer. Ich hatte den Eindruck, dass dir die Kälte nicht zusagt.« Er legte mir seine Knochenhand auf die Schulter. So furchterregend der Sadhu auch aussehen mochte, seine echte Besorgnis um mich strafte sein Äußeres Lügen. Er hatte den Streit gewonnen und unsere Auseinandersetzung sehr klug beendet. Er hatte eine Position in der Mitte vorgeschlagen, auf die wir beide uns hatten einigen können. Nicht nur, dass er in jeder Phase freundlich zu mir gewesen war, er war sogar so rücksichtsvoll, sich Gedanken um meine Bequemlichkeit zu machen.

»Dieses Tal heißt *Valley of Flowers,* das Tal der Blumen. Der Segen der Energie von Hemkund Sahib ruht darauf«, fügte Chandu unaufgefordert hinzu.

»Ich dachte, hier könnte es dir gefallen«, sagte der Sadhu. Beim Sprechen blies er die Backen auf, und danach war er wieder genauso hohlwangig wie zuvor.

Nun ging ich, wie der Sadhu, zu Fuß weiter, und auch Chandu stieg von seinem Esel ab und ließ ihn vorangehen. Als wir den Rand einer Hochebene erreichten, bot sich uns ein herrlicher Anblick. Gleich unter uns lag das schönste Tal, das ich je gesehen hatte. Es wirkte unberührt und geheimnisvoll, und seine üppige Blumenpracht leuchtete in allen Farben.

Chandus Esel rutschte als Erster hinunter, dann folgte Chandu und dann der Sadhu. Diesen Moment des Alleinseins nutzte ich, um die Schönheit des Tals zu würdigen. Ich konnte mich nicht erinnern, mir jemals für eine von Herzen kommende Würdigung Zeit genommen zu haben. Normalerweise hatte ich andere nur gewürdigt, damit sie etwas für mich taten, nicht aber, um tatsächlich ihre Qualitäten anzuerkennen. Jetzt erschienen meine früheren Motive mir oberflächlich – so wie alle meine bisherigen Ziele im Leben.

»Ihr Esel war schneller hier als Sie, Sahib.« Chandu tätschelte meinen Esel, der anscheinend aus dem Nichts aufgetaucht war.

»Diese verdammten Biester«, murmelte ich, während ich in die Hocke ging und nach unten rutschte. Ich wollte mir dieses Tal, das mir wie das Paradies auf Erden erschien, genauer ansehen.

Die Landschaft vor mir war unbeschreiblich schön. So weit das Auge reichte, war das Tal von sprühendem Leben erfüllt. Ich bedauerte nur, dass ich allein hier war, und merkte mir das *Valley of Flowers* als Ziel für unseren nächsten Familienurlaub. Dann jedoch verdarb mir der Zweck meines Aufenthalts hier die Freude. Ich stand ja kurz vor der Scheidung und vor einem Exil, in dem mich ein verrücktes Sadhana erwartete. Wie konnte ich in dieser Situation an Ferien mit einer heilen Familie denken?

»Können Sie mir eine Prüfungsaufgabe für Anfänger stellen?«, fragte ich den Sadhu mit einem Schulterzucken. »Sie müssen bedenken, dass ich den Esel bei mir habe«, drängte ich, und der Sadhu schüttete sich aus vor Lachen.

»Das Leben prüft dich nie auf deinem derzeitigen Niveau, sondern immer auf einer höheren Stufe«, erklärte er. »Du darfst dir die Prüfungen nicht selbst aussuchen, denn dann könntest du dich dafür entscheiden, in deinem Leben klein zu bleiben. Die Prüfungen übersteigen deine Fähigkeiten immer ein Stück weit, damit du dich selbst übertreffen und über dich hinauswachsen musst. Versagen ist daher ein Zeichen dafür, dass du das Ausmaß der Fähigkeiten, die in dir schlummern, nicht anerkennst.« Der Sadhu tänzelte durch das Blumenmeer, ganz vorsichtig, um keine Blüte zu zertreten. »Komm weiter«, sagte er, ohne sich umzudrehen.

Allmählich machten die Äußerungen dieses Mannes mich wahnsinnig. Erstens besaß er eine Ausdauer, die nicht im Geringsten vermuten ließ, dass er noch bis vor Kurzem endlos lange auf einem Fleck gesessen hatte. Zweitens trafen seine Worte immer ins Schwarze. Sie trafen mich im Innersten. Irgendwie hatten sie Bedeutung für mein Leben. Sie enthielten die Erlösung von meinem Unglück und den Schlüssel für meine Befreiung von der Unwissenheit.

»Hier ist es.« Der Sadhu hob die Arme und forderte uns damit zum Stehenbleiben auf.

Er bückte sich und zog eine kleine Pflanze aus der Erde. Eigentlich war es mehr ein Stöckchen, aus dem ein paar Triebe sprossen. Mit diesem Stöckchen zog er eine Linie auf dem Boden. Belustigt schaute ich zu, wie er gebückt rückwärts lief und dabei um uns herum einen Kreis von etwa sechzig Metern Durchmesser zog.

Dann trat er aus dem Kreis heraus und warf das Stöckchen fort. »Deine Prüfungsaufgabe besteht darin, dass du in diesem Kreis bleiben musst, bis ich zurückkehre. Falls du aus dem Kreis heraustrittst, fällst du nicht nur durch, sondern du wirst noch dazu verbrennen. Dies ist der Kreis des Feuers. Jede Bewegung aus dem Kreis hinaus wird eine drei Meter hohe Feuerwand erzeugen, die nach innen wandern und dich mit Haut und Haaren verbrennen wird. Dann kannst du weder zum Stein zurück noch nach Hause.« Der Sadhu lachte leise. »Und denke daran, auch Chandu und deine geliebten Esel sind an deiner Prüfung beteiligt.« Der Sadhu murmelte ein paar Mantras, und ich fragte mich, ob es Flüche oder Segenssprüche waren. Dann hob er die Hände und verschwand tanzend in dem Blumenmeer.

Mir stand der Mund offen. Das war alles? Das sollte die ganze Prüfung sein? Er hatte einen Kreis von sechzig Metern Durchmesser gezogen, und ich brauchte nichts weiter zu tun, als mit meinen Begleitern in diesem Kreis zu bleiben, bis er zurückkehrte. Mehr nicht. Mit diesem kinderleichten Test beleidigte der Sadhu meine Intelligenz. Ich hatte ihn zwar gebeten zu bedenken, dass ich die Esel bei mir hatte, aber das hieß doch nicht, dass er mir unterstellen durfte, ich sei selbst einer. Ich sah Chandu an, der gerade die Skibrille vor sich hielt und hineinlächelte.

»Möchten Sie die Brille aufsetzen, Sahib?«, fragte er. Die Aufgabe, die ich gerade bekommen hatte, interessierte ihn nicht im Geringsten. Ich glaube, er wollte gern, dass ich die Brille trug, damit er sich immer wieder darin sehen konnte. Sein Spiegelbild in der Brille zu betrachten, fand er faszinierender, als sie selbst auf der Nase zu haben.

»Danke, nein.« Ich ignorierte seine Obsession.

»Das ist alles?«, sagte ich laut und klatschte mir auf die Schenkel. »Ich muss bloß in diesem Kreis bleiben?«

Welche Lernaufgabe hielt mein Kreis für mich bereit? Welches Unwissen würde diese Herausforderung ans Licht bringen? Welche Erkenntnisse über Dinge, über Menschen und über das Leben hatte ich verpasst, sodass ich sie hier gewinnen musste? Und warum sollte es mir schwerfallen, in diesem Kreis zu bleiben? Was konnte mich dazu drängen, ihn zu verlassen, bevor der Sadhu zurückkehrte? Die Antwort auf diese letzte Frage gab mir ein Windstoß, der einen unerträglichen, fauligen Gestank mitbrachte.

»Was ist das denn?« Ich zog meinen Pullover hoch und hielt ihn mir vor Nase und Mund. Fast hätte ich gekotzt.

»Das ist Gestank, Sahib«, klärte Chandu mich auf.

Ich seufzte. Eine derart freche Antwort von Chandu war natürlich zu erwarten gewesen, aber ich hatte mich immer noch nicht daran gewöhnt. Eilig ging ich im Kreis umher und suchte nach der Ursache. Ganz in der Nähe der Kreislinie wuchs ein Busch, und dort summte ein ganzer Schwarm von Insekten herum. Ich ging wachsam darauf zu und überlegte, was wohl einen derart widerlichen Geruch verströmen könnte. Chandu erschreckte mich, indem er an mir vorbei direkt auf den Busch zulief.

»Das ist bloß ein totes Hirschkalb, Sahib.« Er lächelte. Der entsetzliche Geruch schien ihm überhaupt nichts auszumachen.

»Ein derartiger Gestank kann einem das Gehirn verpesten«, murmelte ich.

»Ich verstehe Sie nicht, Sahib«, erwiderte Chandu. Jetzt hatte er sich die Brille wie eine überdimensionale Armbanduhr ums Handgelenk gebunden, damit er jederzeit sein Gesicht darin sehen konnte.

»Wie kannst du bloß bei diesem Gestank atmen?«, fragte ich frustriert. Selbst die Esel schrien bei dieser Quälerei. Meiner schlug sogar vor lauter Protest mit den Hinterbeinen aus und trabte dann los. »Halt den Esel fest!«, schrie ich. »Wenn er über die Kreislinie rennt, verbrennen wir alle in einem Höllenfeuer!«

Chandu und ich sausten gleichzeitig hinter dem Esel her. Ich erwischte seinen Schwanz, während Chandu ihn um den Hals packte. Mit einem Sprung zur Seite wich ich gerade noch rechtzeitig den Hinterhufen aus und ersparte mir damit eine teure Kieferoperation. Der Esel wehrte sich, aber schließlich bekam ich die Zügel zu fassen. Ich zerrte das widerspenstige Biest zu einem kleinen Baum, dem einzigen im Kreis, und band ihn dort fest. Die Esel in unsere Vereinbarung einzubeziehen, war Schwachsinn gewesen. Ich weiß nicht, welchen Vorteil ich mir davon erhofft hatte, die Tiere dabeizuhaben.

Jetzt hatten wir also einen verrückten Esel, der an einem Bäumchen festgebunden war, und ein totes Hirschkalb, das unter einem Busch lag. Der Gestank war nach wie vor unerträglich.

»Sahib, wenn Sie Ihren Widerstand aufgeben, riechen Sie es nicht mehr«, sagte Chandu weise. Er hockte auf der Erde, aber so, dass sein Hintern den Boden nicht berührte. »Dann stört der Geruch Sie nicht mehr, weil Ihr Gehirn ihn erkennt, wenn Ihre Lungen sich damit füllen.« Abrupt stand er auf und entfernte sich.

Chandu hatte recht. Er lebte hier in den Bergen, Spiritualität lag ihm also im Blut. Ich wartete ab, ob er noch mehr tiefsinnige Bemerkungen von sich geben würde, aber er hatte sich umgedreht und pisste vergnügt an den Baum, an den ich meinen Esel gebunden hatte. Kaum hatte ich meinen Respekt vor Chandu wiedergewonnen, da pisste er ihn auch schon wieder weg.

Wenn ich meinen Atem beobachten konnte, wenn ich tolerant und mit der Haltung eines Beobachters in der Stille sitzen konnte, dann würde ich diesen Gestank vielleicht überleben. Ich setzte mich auf den Boden. Den Blumenduft bildete ich mir nur ein, denn der Gestank des toten Tieres ließ sie schnell verwelken. Keine Ahnung, wie viele Millisekunden mein erster Meditationsversuch dauerte.

Der Verwesungsgestank löste nämlich einen Tumult in meinen Gedärmen aus, so als sollte ihr gesamter Inhalt wieder hochkommen und den üblen Gestank durch einen üblen Geschmack ersetzen.

Dieses Meditieren war wahnsinnig schwierig. Je mehr ich mich bemühte, meine Gedanken von dem Gestank abzulenken, desto mehr konzentrierten meine Sinne sich darauf. Ich fragte mich, wie der Sadhu oder andere Praktizierende das machten, wie sie mit geschlossenen Augen die Welt um sich herum aussperrten. Ich versuchte, Schafe zu zählen, ging dann zu Ziegen über und begann schließlich, die haarsträubenden Iahs des Esels zu zählen. Er schrie unaufhörlich und anscheinend ganz ohne Atempause.

Ein leichter Klaps auf die Wange riss mich aus meiner beabsichtigten spirituellen Versenkung. Es war Chandu.

»Meditieren Sie, Sahib?«, fragte er. »Ich dachte schon, Sie wären tot.« Das also war die Erklärung dafür, dass er mir ins Gesicht geschlagen hatte.

Am liebsten hätte ich ihn ebenfalls geohrfeigt. Und noch lieber hätte ich ihn ermordet – vorher war allerdings der Esel dran. Wenn ich Chandu tatsächlich umgebracht hätte, wäre ich wohl der erste Mörder gewesen, der als Mordmotiv angegeben hätte, dass das Opfer ihn bei der Meditation gestört habe.

Entweder wurde Meditieren überschätzt, oder aber ich hatte das alles missverstanden. Hilflos sah ich Chandu an. Wieder zog ich mir den Pullover vor die Nase, dann jedoch vergrub ich das Gesicht in meiner Achselhöhle. Aber der widerliche Gestank überdeckte sogar meinen eigenen nicht gerade angenehmen Körpergeruch.

Ich weiß nicht, wie lange es dauerte, bis mein Körper sich an den Gestank gewöhnte. Ich weiß auch nicht, ob die Ausdünstungen des verwesenden Hirschkalbs nachgelassen hatten oder ob meine Sinne durch die Intensität abgestumpft waren. Wie auch immer, ich litt nicht mehr ganz so sehr darunter.

Mein Esel allerdings schrie weiterhin, was das Zeug hielt. Mit jedem markerschütternden Iah reizte er meine Nerven bis zum Äußersten. Er brachte mich zur Verzweiflung. Schließlich hob ich die Faust und rannte drohend auf den Esel zu. Doch dieser Ausbruch beeindruckte ihn nicht im Geringsten. Er iahte bloß meine Faust an, die seiner Nase so nah war, dass er sie hätte abbeißen können.

»Auch das geht vorbei, Sahib.« Sich den Hintern kratzend kam Chandu zu mir herübergeschlendert. In diesem Moment hätte ich ihn am liebsten erwürgt und dem Esel das Maul mit der Sonnenbrille gestopft.

Chandus Esel stand ruhig neben meinem durchgedrehten Vieh. Ich verstand einfach nicht, was dieser verrückte Schreihals wollte. Während es dem anderen Esel allem Anschein nach gut ging, wollte meiner mit seiner Hysterie offenbar den Himmel zum Einsturz bringen.

Um nicht gleich einen Nervenzusammenbruch zu erleiden, kehrte ich den Tieren und ihrem Führer den Rücken zu und betrachtete zur Ablenkung die verschneiten Gipfel. Aber ich traute meinen Augen nicht. Ich hätte schwören können, dass vorhin sechs Berggipfel in der Ferne zu sehen gewesen waren, denn ich hatte sie gezählt, als der Sadhu das Tal der Blumen betrat. Jetzt aber waren es nur noch fünf. Sorgfältig zählte ich sie noch einmal. Fünf. Anscheinend fing ich jetzt doch an zu halluzinieren.

»Die Berge bewegen sich, Sahib.« Chandu hatte meine Verwirrung bemerkt. Er war ein verrückter Kerl. Eigentlich wollte ich böse auf ihn sein, aber der Esel machte mich mit seinem grässlichen Gejammer ganz hilflos und konfus.

Ich ließ mich wieder auf dem Boden nieder. Ganz allein saß ich in dem zermürbenden Lärm und dem abscheulichen Verwesungsgestank. Ich saß allein in einem Tal voller Leben. Mir fiel auf, dass einige Hirsche vorbeikamen, am Rand des Kreises schnupperten und dann wegliefen. Kaninchen kamen angehoppelt und versteckten sich schnell wieder in den Büschen. Vögel kreisten einmal und kehrten dann nicht mehr zurück. Einige Blumen schlossen sich, während andere ihre Blüten voll entfalteten. Pfade veränderten sich, ohne dass jemand darauf gegangen war, und neue entstanden. Ringsherum war so viel Leben, alles lebte im gegenwärtigen Moment. Ich schaute in die Ferne und registrierte erschrocken, dass wieder sechs Berggipfel zu sehen waren. Offenbar wurde ich verrückt.

»Die Berge bewegen sich, Sahib«, wiederholte Chandu. Wenn wir erst in Hemkund Sahib angelangt waren, würde ich etwas Entsetzliches tun, um meinen Frust über diesen Jungen loszuwerden. Und was die Esel anging, konnte ich ja vielleicht einfach über die Kreislinie springen und die Tiere in der anschließenden Feuersbrunst, die der Sadhu angedroht hatte, verbrennen lassen. Er hatte doch gesagt, die Feuerwand würde nach innen wandern. Solange ich mich also vom Zentrum des Kreises fortbewegte, würde mir keine Gefahr drohen, und mein Esel wäre endlich still.

Als Chandu sich mir in meiner geistigen Einsamkeit anschloss, streckte ich die Füße zur Seite und rutschte ein wenig von ihm ab. Bald erkannte ich, dass innerhalb meines Kreises alles verdorrte. Die Blumen ließen bereits die Köpfe hängen, das Gras wurde gelb, der einzige Baum warf die Blätter ab, und die Erde trocknete aus. Vielleicht kündigte sich das Feuer schon an. Vielleicht war dieses Welken ein Zeichen dafür, dass schlimme Zeiten bevorstanden.

Innerhalb des Kreises entstand eine Wüste, während draußen alles prächtig wuchs und gedieh. Das Leben wanderte, genauso wie die Berge.

Meine Neugier siegte über meinen Zorn. »Wie kommt das, Chandu?«

»Die Berge brauchen lange, um sich zu bewegen, Sahib, aber Sie sehen das eher.« Chandu freute sich eindeutig über mein wiedergewonnenes Vertrauen zu ihm.

»Was bedeutet d…«

Das vertraute Piepen in meiner Tasche unterbrach mich. »Empfang!«, brüllte ich und sprang begeistert auf. Meine plötzliche Aktion musste den Esel wohl verwirrt haben, denn er hörte sofort auf zu schreien. »Ein Netz!«

Lachend schwenkte ich mein Smartphone zum Himmel. Über eine Minute lang piepte es ununterbrochen, und mein Posteingang füllte sich mit Mails und SMS. Nach gefühlten Lichtjahren war ich endlich wieder mit der Welt verbunden, zu der ich gehörte.

»Jay«, murmelte ich und wählte seine Nummer. Doch gerade als auf dem Display »Verbinden« erschien, war der Empfang wieder weg. »Verdammt noch mal!«, brummte ich.

Ich hielt das Telefon über meinen Kopf und ging damit herum, um es nach einem Signal suchen zu lassen. Mit einem Auge auf dem Display ging ich vorsichtig erst seitwärts, dann vorwärts und rückwärts in der Hoffnung, wenigstens einen winzigen Balken zu erhalten, sodass ich Jay anrufen und ihn bitten konnte, mich hier zu suchen. Angespannt wanderte ich hin und her und schwenkte mein Telefon.

»Sie sehen aus wie meine verrückte Tante Sheela«, kicherte Chandu. »Als Tante Sheela vom Geist meiner Großmutter besetzt war, ist sie genauso im Dorf herumgelaufen, wie Sie das gerade machen. Dabei hat sie einen zerfledderten Pantoffel angestarrt und mit ihm geredet.«

Meine Zweifel an der Ernsthaftigkeit der Prüfung waren längst verflogen. Es war eine echte Prüfung, sie verlangte mehr von mir, als ich zu leisten vermochte. Und egal, wo ich mich hinstellte und wie still ich stand, ich bekam kein Netz mehr. Ich hockte mich auf den Boden, der überraschenderweise inzwischen ganz ausgetrocknet war.

Das Gras war braun, die Blumen waren eingegangen, und der Baum ächzte, weil der Esel so kräftig daran zog. Das tote Hirschkalb konnte ich allerdings nicht mehr riechen, vielleicht, weil ich selbst der Gestank geworden war.

Ich hatte zweiundvierzig neue E-Mails. Eventuell konnte ich die Zeit ja konstruktiv nutzen und meine Mails durchsehen. Einige kamen von meinem Rechtsanwalt, die wollte ich erst zum Schluss öffnen. Der größte Teil stammte von meiner Firma, Spam war auch dabei, und dann gab es ein paar Reklame-Mails, die ich immer wieder bekam.

Im Nachhinein wünschte ich, ich hätte die Mails von meinem Anwalt nicht geöffnet. Meine Frau wollte die Hälfte meines gesamten Vermögens haben, auch die Hälfte des Hauses, in dem wir gemeinsam gelebt hatten. Ich würde also das Haus verkaufen müssen, um sie auszahlen zu können. Dabei hatte ich das Haus gebaut und ihr alles gekauft, was sie verlangt hatte. Maya wollte auch meine kleinen Mädchen haben und gestand mir nur begrenzte Besuchszeiten zu. Ich fand den Gedanken schrecklich, dass nun das Gesetz entscheiden sollte, wie viel Zeit ich als Vater mit meinen Töchtern verbringen durfte.

Ich konnte sie nicht mehr trösten, wenn sie nachts wach wurden, und sie waren nicht mehr da, wenn ich von der Arbeit kam oder wenn ich am Wochenende zu Hause blieb. Wenn erst das Gesetz die Familienbeziehungen regelt, weiß man, dass man versagt hat. Ich hatte es nicht geschafft, meine Frau davon zu überzeugen, dass nicht alles verloren war, dass es noch Hoffnung gab und dass mir etwas an ihr lag, auch wenn ich vielleicht einen anderen Eindruck vermittelt hatte.

Mein Versagen in meinen Beziehungen wirkte sich auch auf meine Arbeitsleistung aus, denn alle Lebensbereiche beeinflussen einander. Ich hatte zwar geglaubt, Beruf und Privatleben gut auseinanderhalten zu können, aber diese Überzeugung hatte für beide Bereiche ähnlich schlimme Folgen gehabt.

Ich wünschte mir, ich könnte die Uhr zurückdrehen und in der Zeit zurückgehen, könnte alles wiedergutmachen und mein Leben neu gestalten. Ich wünschte mir, Maya würde mir eine zweite Chance geben. Aber bisher hatte sie es kategorisch abgelehnt, auch nur mit mir zu sprechen, und sie hatte alle Menschen, die sie kannte, in ihren Krieg gegen mich mit hineingezogen. Alle Bekannten und Freunde schienen zu wissen, was schiefgelaufen war, während ich immer noch verwirrt im Dunkeln tappte. Ich spürte, wie mein Blutdruck stieg und mir wieder übel wurde.

Das Internet hatte dafür gesorgt, dass mein ganzer Kummer und meine Verzweiflung erneut hochkamen. Am liebsten hätte ich mein Handy in der Erde vergraben und für immer dort gelassen. Aber ich steckte es in die Tasche, rieb mir die Augen und versuchte, tief durchzuatmen, um meine Nerven zu beruhigen. Der Esel hatte weiter pausenlos iaht, aber jetzt bemühte ich mich, dieses jämmerliche Geschrei zu überhören. Ich machte einige weitere tiefe Atemzüge. Das Gejammer des Esels hatte sich so tief in mein Hirn eingeprägt, dass ich überzeugt war, ich würde dieses zermürbende Geräusch mit ins Grab nehmen.

Ich sah mich um. Die Berge waren wieder auseinandergerückt und wirkten jetzt wie die Zacken einer Krone. Es war ein märchenhafter Anblick. Erneut musste ich mir die Augen reiben, diesmal, um mich zu vergewissern, dass dieses Bild weder ein Traum noch das Produkt meiner überspannten Nerven war, sondern Wirklichkeit. In der Ferne fiel Schnee, und er schien langsam näher zu kommen. Außerhalb meines Kreises blühten die Blumen voller Lebensfreude, und einige Pfade hatten sich gebildet, die ganz bestimmt vorher nicht da gewesen waren. Hirsche, Eichhörnchen und Kaninchen sprangen aus dem Gebüsch, um einen raschen Blick auf mich zu werfen, und rannten dann scheu wieder davon. Alles in der Natur lebte, bewegte sich und spielte, und ich konnte nicht daran teilhaben, weil ich in meinem karmischen Chaos gefangen war.

»Wie …?«

Ich hatte das Wort kaum ausgesprochen, da hämmerte Chandus Antwort schon auf mich ein: »Es dauert lange, Sahib, aber Sie sehen es eher.«

Der junge Mann war ein Schlaufuchs. Er hatte dagesessen und darauf gewartet, dass ich ihm die Frage stellte, damit er mir seine Antwort entgegenschleudern konnte. So ein Wichtigtuer!

»Wie? Wie passiert das?«, fragte ich mit ungeduldigem Unterton, und Chandu sprang begeistert auf. Er strahlte über das ganze Gesicht und nickte jemandem hinter mir zu.

»Schön, schön, schön.«

Es war der Sadhu. Ich war erleichtert, ihn zu sehen. Ja, ich war im Kreis geblieben, und ich freute mich über meinen Sieg. Ich hatte gewusst, dass Heilige wie Kinder sind, aber dieser heilige Mann war mehr als kindlich. Mir so eine einfache Aufgabe zu stellen, war schlicht kindisch gewesen. Endlich konnte ich meinen Weg nach Hemkund Sahib fortsetzen und anschließend die Heimreise antreten.

Der Sadhu lächelte. Er wirkte stolz. Nein, man brauchte kein Heiliger zu sein, um im Kreis zu bleiben. Ich war schon bei vielen Gelegenheiten im Kreis geblieben. Eine gute Ehe zu führen hieß, im Kreis zu bleiben. Seine Arbeit verantwortungsvoll zu tun und den Erwartungen gerecht zu werden hieß, im Kreis zu bleiben. Ich war bereits »heilig«. Ich erwiderte das Lächeln des Sadhus. Er sah aus wie das Gerippe eines Dämons, aber er verströmte eine Güte, die die Seele anrührte. Seine Gegenwart erinnerte mich daran, dass ich angefangen hatte, ihn zu mögen. Und vor allem mochte ich ihn jetzt, da wir am Ende unserer Reise angelangt waren.

»Schön, schön, schön«, wiederholte er und trat in den Kreis. »Na, was haben wir denn hier?« Er sah hocherfreut aus.

»Ich bin Ihrer Anweisung gefolgt und im Kreis geblieben«, sagte ich. »Da ich diese Prüfung bestanden habe, glaube ich, dass die anderen beiden nicht mehr nötig sind. Ich habe eine von dreien bestanden, und jetzt möchte ich aufhören.«

Der Sadhu überhörte meine Bemerkung. Er stemmte die Hände in die knochigen Hüften, rümpfte die Nase und streckte in gespieltem Ekel die Zunge heraus. »Was stinkt hier denn so?« Er stieß heftig den Atem aus.

»Das ist ein totes Hirschkalb«, sagten Chandu und ich wie aus einem Mund.

»Igittigitt.« Der Sadhu spuckte auf den Boden.

Ich war entsetzt über seine Reaktion. Ein Heiliger sollte doch tolerant sein und nicht urteilen, oder nicht?

»Und warum schreit dieser elende Esel so?« Der Sadhu schaute mich vorwurfsvoll an.

»Ich hab nichts gemacht«, verteidigte ich mich. Wie sollte man denn das Tun und Treiben eines verrückten Esels rechtfertigen?

»Ich halte es hier nicht aus.« Das Gesicht des Sadhus wurde ganz runzlig vor Abscheu, und in aller Eile verließ er den Kreis.

Ich folgte ihm mit Chandu auf den Fersen, stoppte aber an der Kreislinie, weil ich nicht wusste, ob der Bann gelöst worden war.

Der Sadhu packte mich am Kragen und zerrte mich über die Linie. »Raus da, du verantwortungsloser Kerl«, knurrte er mit hohlen Wangen. Ich verlor das Gleichgewicht und fiel ihm vor die Füße.

Nachdem ich mich wieder aufgerappelt hatte, klopfte ich mir den Dreck vom Mantel und sah dem Sadhu in die Augen. »Ich habe mir meine Freiheit verdient, und ich bin kein verantwortungsloser Kerl«, wehrte ich mich. Es passte mir nicht, dass ein halb nackter Sadhu mitten im Himalaya so respektlos mit mir umsprang. Er war doch eine hoch entwickelte Seele, und da er ein Sadhu war, erwartete ich, dass er sich auch so benahm. Ich dagegen war ein Mann dieser Welt. Was erwartete er denn von mir? Dass ich ein Heiliger war?

»Ha! Du hast die Prüfung nicht bestanden!« Der Sadhu ignorierte meine Bestürzung und sah Chandu an, der zustimmend nickte.

»Sie sind durchgefallen, Sahib«, sagte der junge Mann lächelnd.

Durchgefallen

»Was reden Sie denn da in drei Teufels Namen?«, fragte ich. Wie konnte ich durchgefallen sein, wenn ich doch genau das getan hatte, was der Sadhu mir aufgetragen hatte? Ich war mit den Prüfungen einverstanden gewesen und hatte gleich die erste bestanden, und nun behaupteten diese Hüter der Berge, ich hätte versagt. Das konnte doch nicht wahr sein.

»Du bist durchgefallen«, sagte der Sadhu.

»Nein, ich habe die Prüfung bestanden. Sie haben gesagt, ich müsste im Kreis bleiben, und genau das habe ich getan.« Ich warf einen Blick zu Chandu hinüber. Er hätte mir doch beistehen können, aber er war gerade damit beschäftigt, mit meiner Skibrille Lichtblitze ins Tal zu schicken. Dieser Bursche war wirklich so überflüssig wie ein Kropf.

»Genau das. Du bist im Kreis geblieben. Aber schau dir mal an, was du darin angerichtet hast!«, rief er entsetzt aus. Ich verstand seine Aufregung nicht.

»Ich habe doch gar nichts getan!«, protestierte ich verwirrt.

»Ganz richtig.« Jetzt lächelte der Sadhu. »Du hast gar nichts getan. Ich habe dir ein Gebiet zugewiesen. Ich habe dir einen Raum zugewiesen. Und du hast darin nichts getan.« Ärgerlich zuckte er mit den Schultern.

Ich begriff nicht, worauf er hinauswollte. Vor lauter Verwirrung runzelte ich so heftig die Stirn, dass ich Kopfschmerzen bekam.

»Dein Raum ist deine Welt. Und natürlich gibt es auch eine größere Welt.« Mit ausgebreiteten Armen wies er auf die Berge, die sich wieder aneinanderdrängten. Ich wunderte mich, bemühte mich aber, mich ganz auf den Sadhu und auf meine Freiheit zu konzentrieren. »Es gibt eine größere Welt, und es gibt deinen begrenzten Raum. Darin schaffst du dir deine eigene Welt.« Er blickte auf den Kreis, aus dem er mich gerade herausgezogen hatte. »Und für deine Welt übernimmst du die Verantwortung. Du bist für das zuständig, was sich innerhalb deines Raumes befindet und was mit den Dingen und den Lebewesen in deinem Raum geschieht.

Sieh dich um. Die ganze Welt um dich herum hat sich verändert, nur der Raum nicht, den ich dir zugeteilt hatte. Die Berge haben sich verändert, das Wetter, die Wege, die ganze Natur, die du für unbeweglich hältst, alles hat sich vor deinen Augen verwandelt, aber du hast den Hintern nicht hochgekriegt und dich nicht daran beteiligt.

Im eigenen Raum, in der eigenen Welt zu sitzen und

nichts zu tun, ist eine Beleidigung für die Intelligenz, die dir geschenkt wurde. Es ist eine Schande für die spirituelle Kraft, die dir innewohnt. Deine Rolle in der Welt besteht darin, die Führung zu übernehmen, die Verantwortung für deine Umwelt und für das, was darin geschieht. Stattdessen aber hast du hier herumgesessen, die Minuten gezählt und auf meine Rückkehr gewartet. Das ist die Haltung eines Opfertieres.

Man erkennt einen Menschen daran, was er an dem Ort tut, an dem er lebt. Wenn du etwas über die Kraft eines Menschen erfahren möchtest, dann sieh dir an, wie er mit seinem Raum umgeht, mit seiner eigenen Welt, seinem Zuhause, seiner Familie und seiner Arbeit, und wie er in seinem gesamten Einflussbereich wirkt. Der Kreis, den ein Mensch um sich herum zieht, umgrenzt den Bereich, in dem er bestimmt und in dem er verantwortlich ist. Der Zustand, die Entwicklung und das Schicksal des Raumes, der dir zugeteilt wurde, liegen in deinen Händen. Aber du hast nichts getan.

Schau dir den Zustand deines Raumes an. Wie sieht es in diesem ganz besonderen Teil der Welt aus, der dir zugewiesen wurde?« Der Sadhu betrat den Kreis. »Dieser Esel hier hat ununterbrochen geschrien, und du hast nichts unternommen. Ein lebendes Wesen in deiner kleinen Welt ist unruhig, es hat Probleme oder geht dir einfach auf die Nerven, und du tust nichts dagegen!«

Der Sadhu ging auf den Esel zu.

»Als Lösung hast du das arme Tier einfach an den

Baum gebunden. Sieh dir mal die Scheuerstelle hier an seinem Bauch an. Wo kommt die her? Statt dem armen Tier zu helfen, hast du es einfach angebunden, um dir so deine Freiheit zu verdienen. Du hast dich nicht darum gekümmert, was dem Esel fehlte, weil du nur deine Zeit hier absitzen und dann abhauen wolltest. Bist das wirklich du, Arjun?« Mit finsterem Gesicht schaute der Sadhu mich an.

Aus dem Augenwinkel sah ich nach Chandu. Ich hoffte, dass er anderswo herumschwirrte, sodass es mir erspart blieb, vor einem Achtzehnjährigen derartig abgekanzelt zu werden. Doch dann zuckte ich erschrocken zusammen, denn plötzlich tauchte sein Kopf an meiner Seite auf. Er war eben ein listiger Fuchs und hatte direkt hinter mir gewartet, um sich zu zeigen, sobald ich mich nach ihm umsah.

»Schau dir mal den Boden an«, sagte der Sadhu. »Alles ist vertrocknet. Das Gras ist braun geworden, die Blumen sind abgestorben, und der Baum da wird jeden Moment umstürzen. Hast du dich nicht gefragt, warum das so ist? Dich nicht gefragt, warum deine Welt verdorrt, während ringsherum alles blüht und gedeiht? Die Zeichen waren da, aber du hast sie nicht beachtet. Bist du blind, Arjun?« Wieder sah er mich böse an.

Dieses Gespräch behagte mir überhaupt nicht. Niemand hatte mich je so ausgeschimpft oder mein Selbstwertgefühl so niedergemacht, wie der Sadhu es gerade tat. Insgeheim allerdings wünschte ich mir, dass längst einmal jemand Klartext mit mir geredet hätte.

»Das Hirschkalb ist tot, und der Verwesungsgestank hat auch deine Sinne abgetötet, deine Lungen verseucht und alles ringsherum absterben lassen.« Er zeigte auf die verdorrte Vegetation in meinem Kreis. »Und du hast nichts dagegen unternommen. Wie kann man auch nur eine Minute in diesem Gestank sitzen? Du hast einen Teil der Welt zugewiesen bekommen und ihn vernachlässigt. Wenn du das wirklich bist, Arjun, dann kann dich nur das Sadhana retten. Prüfung hin oder her, das hier war ein Versagen im echten Leben.«

Der Sadhu beendete seine Schimpfkanonade, während Chandu ernst dazu nickte. Dieses elende Bürschchen! Der Junge hatte doch gewusst, dass ich durchfallen würde, aber er hatte mich kein einziges Mal gewarnt. Statt in der Gegend herumzupissen, hätte er mich bitten können, mich um meine Umgebung zu kümmern. Schließlich war er bei meiner Prüfung dabei gewesen.

»Gib die Schuld an deinem Versagen nicht dem Jungen.« Der Sadhu hatte offenbar meine Gedanken gelesen. »Er ist an deiner Prüfung beteiligt, aber nur du wirst geprüft, er nicht. Er unterstützt dich in dem Grad, in dem du ihn unterstützt. Wenn du durchfällst, wirst du dich auf dem Stein wiederfinden und er wird frei sein. Du kannst anderen so oft die Schuld in die Schuhe schieben, wie du willst, trotzdem hat das Ergebnis deiner Prüfung nur für dich allein Konsequenzen. Die anderen leiden zwar, während du untätig dasitzt und zusiehst, wie die Welt um dich und um sie herum vergeht, aber sobald das Urteil gefällt ist, hast du verspielt und sie sind frei.« Er lächelte Chandu zu, der sich offensichtlich geehrt fühlte, weil der Sadhu von ihm gesprochen hatte.

Ich schwieg. Es war eine Menge, was ich da zu verdauen hatte. Etwas tief in mir drängte mich, innezuhalten und hinzuschauen, innezuhalten und über mein Leben nachzudenken. Ich war erschöpft. Ich fühlte mich einsam und niedergeschlagen. Chandu jagte gerade ein paar Kaninchen ins Gebüsch, und der Sadhu begann, irgendwelche Stöcke zu sammeln. Ich konnte an diesen entspannten Aktivitäten nicht teilnehmen, so sehr belastete mich mein Versagen.

Die Aufgabenstellung für meine Prüfung hatte in keiner Weise nahegelegt, dass ich, um zu bestehen, die Sache von einem spirituellen Standpunkt aus betrachten musste. Nun hätte ich mich mit dem Sadhu zwar über die Uneindeutigkeit der Prüfungsaufgabe streiten können, aber seine Worte schienen einen tief sitzenden Schmerz in meinem Herzen aufzulösen, daher schwieg ich.

Klar, ich hatte meine Welt: meine Familie und meinen Job. Und ich wusste, dass beide in Gefahr waren. Obendrein verschlechterte sich mein Gesundheitszustand – Alarmsignale waren steigende Cholesterinwerte und ein zu hoher Blutdruck. Dass ich Tag für Tag vorzeitig müde wurde, beeinträchtigte schon seit längerer Zeit mein Denken, meine Vorstellungskraft und meine Zielstrebigkeit. Inzwischen war ich ständig müde. Meine Müdigkeit überwältigte mich, sodass ich gar keine Fragen mehr stellte. Ich wollte einfach nur noch in Ruhe gelassen werden und allein sein. Und hier bekam ich jetzt das, was ich mir so unüberlegt gewünscht hatte – ich war allein.

Hätte ich an meiner Welt etwas ändern können?

Ich hätte ein Loch buddeln und das Hirschkalb begraben können. Ich hätte den Esel beruhigen können. Ich hätte ihn mit Gras füttern können, vielleicht hatte er einfach Hunger. Ich hätte mehr auf die kleinen Dinge um mich herum achtgeben können. Ich hatte zwar keine Ahnung, wie ich im Einzelnen vorgegangen wäre, aber wenn ich aufmerksam gewesen wäre und mich bemüht hätte, hätte ich meine Umgebung vielleicht retten können. Die Berge schienen sich zu bewegen. Ich hatte Chandu danach gefragt, aber seine Antwort nicht abgewartet. Als er zum ersten Mal zu einer Antwort ansetzte, hatte ich mich mit meinen Mails beschäftigt. War das Internet ein Teil der Prüfung? Wie auch immer, es hatte mir die unausweichliche Konsequenz beschert: Versagen. Ich befand mich mitten im Gebirge in einer Lebenskrise, an einem Punkt, an dem ich mich entweder befreien konnte oder für lange Zeit auf einen Stein verbannt wurde. Die Abhängigkeit von meinem Smartphone hatte mich die Freiheit gekostet. Es war Teil meiner Hand geworden. Es schien mein Leben für mich zu organisieren, oder noch schlimmer, es zu leben. Ursprünglich hatte ich meine E-Mails nur im Büro gelesen, damit ich zu Hause Zeit für mein Privatleben hatte. Aber jetzt checkte ich sie, wo ich ging und stand, im Fahrstuhl, im Schlafzimmer, im Auto und auf der Toilette. Und wenn ich schlief, lag das Smartphone neben meinem Kopfkissen. Vor vielen Jahren war das einmal der Platz der Bhagavad Gita gewesen. Was hatte ich mit meinem Leben angestellt? Was hatte ich mir selbst angetan?

Genauso wie heute hatte ich verschiedene Fragen an das Leben gestellt, und wenn ich eine Antwort bekommen sollte, hatte ich mich vom Smartphone ablenken lassen. Mein Smartphone hatte Vorrang vor meinen Beziehungen. Selbst wenn ich mich gerade persönlich mit jemandem unterhielt, hatte das Telefonklingeln Priorität. Die sinnfreien Witze, die unnötige Aufmerksamkeit, wenn jemand seinen Status veränderte, und bedeutungslose Arbeit rund um die Uhr hatten mein Leben in jeder Hinsicht ruiniert.

Ich holte das Smartphone aus der Tasche und tippte eine Abwesenheitsnotiz für die E-Mails ein: »Um tagsüber effektiver und produktiver arbeiten zu können, checke ich meine Mails nur noch morgens und abends. Bei dringenden Angelegenheiten rufen Sie bitte das Büro an: 022 654 61. Arjun.«

Eine Welle der Erleichterung und des Wohlbefindens durchströmte mich, während ich diese Worte tippte. Zum ersten Mal seit der Eröffnung des Sadhu, dass ich in der Prüfung versagt hatte, lächelte ich. Ich sah mich nach ihm und nach diesem blöden Chandu um, aber sie waren ganz in ihre Tätigkeiten versunken.

Dann schaute ich in den klaren blauen Himmel hinauf und schüttelte den Kopf. Der Sadhu hatte mit seiner Feststellung, dass ich keine Verantwortung übernommen hatte, zwar recht, aber trotzdem hatte ich doch getan, was er mir aufgetragen hatte. »Ich habe den Kreis nicht verlassen«, murmelte ich vor mich hin. »Ich bin im Kreis geblieben.«

»Ja, Sahib«, bestätigte Chandu. Wieder war er ganz plötzlich und ungebeten aufgetaucht. »Sie sind im Kreis geblieben. Aber ich muss Ihnen sagen, dass spirituelle Aufgaben eine tiefere Bedeutung haben, als man auf den ersten Blick sieht. Deswegen kann es den Anschein haben, als hätten Sie einfach nur im Kreis bleiben müssen – aber die vollständige Lösung der Aufgabe verlangte mehr als das.«

»Ich … ich kapiere das nicht.« Ich wusste, dass ein Haken an der Sache war. Ich hatte die Ausführungen des Sadhu begriffen, aber der Teil mit der spirituellen Bedeutung schien mir ein Trick zu sein. Dass ich in den Prüfungen Trickaufgaben vorgesetzt bekam, passte mir nicht. Wenn die Lösungen von der Laune des Aufgabenstellers abhingen, wie sollte ich dann jemals bestehen?

»Eine spirituelle Anweisung hat eine tiefere Bedeutung als bloß den reinen Wortsinn«, erklärte Chandu geduldig. »Wenn jemand zum Beispiel nach dem Tod dem Herrn oder dem Höchsten Wesen am Tor zur anderen Welt begegnet und gefragt wird: ›Hast du gelebt?‹, dann antwortet er mit Ja. Aber die eigentliche Bedeutung von ›Hast du gelebt?‹ liegt viel tiefer und ist viel spiritueller. Es geht nicht nur darum, ob man geatmet hat und irgendwie am

Leben geblieben ist, sondern die Frage bedeutet: Hast du im Einklang mit deiner spirituellen Erhabenheit gelebt? Der Terrorist, der Menschen umgebracht hat, der Betrüger und der Mann, der anderen Gutes getan hat – sie alle haben gelebt. Aber nur der gute Mensch bekommt Zugang zur nächsten Stufe seines spirituellen Abenteuers. Die anderen werden zurückgeschickt, um noch einmal in dieser Welt zu leben. Die Frage und auch der Zusammenhang, in dem sie gestellt wird, deuten darauf hin, dass es eine tiefgründigere, bedeutungsvollere Antwort gibt, die zur spirituellen Entwicklung beiträgt.

Ob man die Prüfung besteht, hängt davon ab, ob derjenige, der die Aufgabe gestellt hat, mit der Lösung zufrieden ist. Man muss über das hinausgehen, was verlangt wird, und auf diese Weise eine Lösung finden, die über die physische Ebene hinaus ins Spirituelle reicht.«

Aus verschiedenen Gründen hätte ich Chandu am liebsten erwürgt. Erstens hätte er mir das alles doch vorher sagen können. Er hätte mich auffordern können, nach einer tieferen Bedeutung in der Prüfungsaufgabe zu suchen, statt sich bloß mit mir zusammen im Kreis die Zeit zu vertreiben. Und wie sollte ich eine Prüfung bestehen, wenn dieses Bestehen von subjektivem Ermessen abhängig war? Das war doch keine Prüfung, sondern eine Scherzaufgabe.

»Man könnte sogar sagen, dass die Prüfungsaufgaben, die von Sadhus gestellt werden, Trickaufgaben sind.« Chandu grinste.

»Warum hast du mir das nicht vorher gesagt, du …

du …!« Ich wollte Chandu am Kragen packen, aber er sprang mit einem Satz aus meiner Reichweite.

»Sie haben mich ja nicht gefragt, Sahib!«, rief er, ganz erschrocken über meinen Wutausbruch.

»Bist du für die zweite Prüfung bereit? Oder für den Stein?« Leise vor sich hin lachend trat der Sadhu zwischen uns.

Chandu hielt sich die Hand vor den Mund, sonst hätte er losgeprustet.

Wie gerne hätte ich Chandu windelweich geprügelt und den Sadhu angebrüllt, aber ich konnte ihnen nicht zum Vorwurf machen, dass ich die Prüfung nicht bestanden hatte. Selbst wenn sie eine Trickaufgabe gewesen war, hatte ich wertvolle Lehren daraus gezogen und Antworten auf die Fragen nach meinem Schicksal im Leben erhalten. Und, um ganz ehrlich zu sein, ich freute mich über das, was ich aus der ersten Prüfung hatte mitnehmen können. Wenn man den Grund für sein Versagen erkannt hat, geht man mit größerer Zuversicht in die nächste Prüfung.

»Ich bin bereit«, antwortete ich dem Sadhu.

Ich war entschlossen, die nächste Trickaufgabe zu lösen, nicht um der Lösung willen, sondern weil mein Leben davon abhing.

Die zweite Prüfung

»Geht bitte wieder in den Kreis«, wies der Sadhu uns an.

Fröhlich hüpfte Chandu über die Kreislinie. Ich war verdutzt, betrat den Kreis aber trotzdem. Augenblicklich stach mir der Gestank des toten Hirschkalbs in die Nase. Verdammt, ich hätte mich als Erstes um den Kadaver kümmern sollen. Der Esel fing wieder mit seinem schwachsinnigen Geschrei an und verkündete damit meine Rückkehr zu den Teufeln in der Hölle. Der Sadhu hob die Hände zum Himmel und murmelte mit Blick auf mich einige Mantras, die wie Flüche klangen. Endlich holte er tief Luft.

»Deine zweite Prüfungsaufgabe besteht darin, in diesem Kreis zu bleiben, bis ich wiederkomme. Wenn du aus dem Kreis heraustrittst, wird der Feuerfluch aktiviert. Eine drei Meter hohe Flammenwand wird entstehen und zur Kreismitte wandern. Sie wird dich verbrennen.« Der Sadhu sagte nichts anderes als das, was er vor der ersten Prüfung gesagt hatte. Als er seine Anweisungen beendet hatte, drehte er sich um und entfernte sich.

Chandu saß auf dem Boden und hielt sich den Bauch vor Lachen. Ich verstand den Witz nicht, aber ich begriff, wie absurd diese Prüfung war. Der Sadhu hatte mir genau die gleichen Anweisungen gegeben wie bei der ersten Prüfung. Vermutlich musste ich die Prüfung so oft wiederholen, bis ich bewies, dass ich meine Lektion gelernt hatte. So ist es im normalen Leben, und dieses Gesetz gilt wohl auch in den Bergen. Chandu lachte immer noch, aber erst einmal musste ich jetzt den Esel zum Schweigen bringen.

Als ich mich dem Tier näherte, drang aus seinem offenen Maul der gleiche Gestank, der auch von dem toten Hirschkalb aufstieg. Die hervorstehenden Zähne sahen wie kleine Schaufeln aus, und sein Blick war starr. Der Esel schaute weiter geradeaus und schrie dabei, als hätte ein böser Geist ihn dazu aufgefordert. Ich provozierte ihn, indem ich mich direkt vor ihn stellte, aber er schwieg nur einen Moment lang, dann iahte er mit neuer Kraft weiter. Ich trat an seine Seite, und da sah ich die Abschürfungen, von denen der Sadhu gesprochen hatte. Der Sattel war wohl verrutscht und hatte die Haut des Tieres aufgescheuert. Das Blut war inzwischen fast überall getrocknet, doch eine Stelle musste wieder aufgeplatzt sein. Frisches Blut sickerte herunter, und Fliegen summten um die offene Wunde herum. Bald würden Maden ihr Unwesen darin treiben, und damit wäre mein Ritt durchs Gebirge dann beendet. Ich zog rasch mein unterstes T-Shirt aus, deckte damit die offene Stelle ab und band es mit einem Riemen fest, damit Fliegen und andere interessierte Insekten sich nicht mehr in der Wunde niederlassen konnten. Dann legte ich dem Esel behutsam die Hand auf den Rücken. Wie Chandu gesagt hatte, dauerte es eine Weile, bis der Esel merkte, dass jemand sich um ihn kümmerte. Aber dann folgten seine Iahs langsamer aufeinander, und bald löste gelegentliches Stöhnen das laute Geschrei ab. Schließlich stupste das Langohr mich sanft in die Seite, und dann hörte es ganz auf zu schreien und beschnupperte meine Beine und das Gras. Ich flitzte los, suchte vertrocknetes Grünzeug für das Tier und pflückte Blätter vom Gebüsch, und der Esel war hocherfreut, als ich ihm diese Mahlzeit servierte. Er beruhigte sich.

Damit hatte ich eine Aufgabe gelöst. Ich lächelte. Ich war glücklich, weil ich mich nützlich gemacht hatte. Einen Beitrag zu leisten, der meine eigene kleine Welt verbesserte, machte mich stolz.

Chandu war eifrig damit beschäftigt, den Aliens Lichtsignale in den Himmel zu schicken, und ich ließ ihn gewähren. Menschen zu gestatten, ihre Eigenheiten auszuleben, insbesondere dann, wenn wir dieses Tun nicht nachvollziehen können, ist ein Zeichen von Größe. Ich fühlte mich schon fast wie ein Heiliger.

Mein nächstes Projekt war das tote Hirschkalb. Als ich mich dem Busch näherte, brachte der Gestank mich fast um. Ich musste es begraben. Also brach ich einige bereits tote Äste von dem absterbenden Baum und verwendete einen davon als Grabstock. Ich grub abwechselnd mit den bloßen Händen und dem Ast, und die Buddelei dauerte ewig. Wenn ich zu Chandu hinübersah, guckte er schnell weg und gab damit zu verstehen, dass man ihn bloß nicht dabei stören sollte, wie er stumpfsinnig spuckte und pisste und mit der Skibrille eingebildeten Lebensformen Lichtblitze schickte. Er war bei meiner Prüfung nutzlos. Vielleicht wäre ich ohne ihn sogar besser dran gewesen. Aber wenn ich es mir recht überlegte, war er immerhin in meinem Raum anwesend. Es war tröstlich, ein menschliches Wesen zur Gesellschaft zu haben.

Wolken kamen und zogen vorbei, im Hintergrund tanzten die Berge, die Blumen blühten und schufen neue Blumen, und endlich war das Grab fertig. Ich band mir den Mantel ums Gesicht herum, sodass nur noch meine Augen frei blieben. Mithilfe des Grabstocks und unter Aufbietung aller meiner Kräfte schob und rollte ich das Hirschkalb in die Grube. Das Grab zuzudecken war dann längst nicht so mühsam, und als ich fertig war, setzte ich mich darauf. Ich hatte wirklich etwas geleistet.

Ich hatte es geschafft. Ganz allein hatte ich meine Umgebung in Ordnung gebracht. Es war also möglich. Ich war nicht mehr jemand, der untätig herumsaß und sich um die Zustände ringsherum nicht kümmerte. Es gab immer etwas, was ich tun konnte, etwas, für das ich Verantwortung übernehmen konnte, einen Bereich, den ich in Ordnung bringen konnte. Irgendeine Handlung war immer möglich. In diesem Fall fühlte ich mich nach meinen Aktionen lebendiger, nützlicher und produktiver als während meiner ersten Prüfung. Ich hatte hart gearbeitet, aber das Gefühl, etwas vollbracht zu haben, wog schwerer als meine körperliche Müdigkeit. Mein Verstand funkelte, mein Geist leuchtete.

Ich überlegte, was ich mit den verdorrenden Blumen, dem absterbenden Baum und dem vertrocknenden Gras machen sollte. Was brauchte ich, um wieder Leben in meine Umgebung zu bringen? Die Pflanzen gingen ein – wie konnte ich diesen Prozess umkehren?

Schließlich stand ich auf und tat das, was mein Gärtner immer gemacht hatte. Ich riss die verdorrten Blumen aus und zupfte die abgestorbenen Blätter von den Pflanzen. Das vertrocknete Gras zog ich mit den Wurzeln aus dem Boden. Um die Pflanzen herum lockerte ich die Erde ein wenig auf, indem ich mit dem Ast darin herumstocherte. Ich grub kleine Löcher und füllte sie mit den abgestorbenen Blättern und Blumen, damit die Würmer in der Erde wieder Leben hineinbringen und sie dadurch umwandeln konnten. Allmählich machte mir das richtig Spaß. Den Boden zu bearbeiten und mich um die Pflanzen zu kümmern, verschaffte mir ein Gefühl von Frieden und Erfüllung. Die Berge wanderten, das Wetter veränderte sich, die Tiere kamen und gingen, und schließlich wirkte auch meine unmittelbare Umgebung gehegt und gepflegt. Ich sah junge Triebe sprießen, winzige grüne Blätter entfalteten sich, und ab und zu öffneten sich auch schon wieder Blüten. Die Berge waren geheimnisvoll und magisch, weil sie solche wunderbaren Phänomene geschehen ließen. Ich war stolz und fand mich wichtig, weil ich bei diesem erneuten Erschaffen mitgewirkt hatte. Ich hatte neues Leben geschaffen, indem ich mich um meine Welt gekümmert hatte.

So sehr mein Leben auch von meiner Umwelt abhängig war, das Leben meiner Umwelt war ebenso von mir abhängig. Die Beziehung war wechselseitig, und unsere jeweiligen Erfolge waren umso größer, je besser diese Beziehung war.

In meinem Alltag hatte ich nicht mehr für meine Umgebung gesorgt, weder für Maya noch für meine kleinen Töchter noch für meine Karriere, jedenfalls nicht so, wie ich mich eben gerade um die Pflanzen gekümmert hatte. In letzter Zeit war meine Zuwendung immer gezwungenermaßen erfolgt oder, noch schlimmer, unkonzentriert gewesen, und in beiden Fällen hat Zuwendung keinen Wert. Wenn etwas nicht stimmte, schaute ich fort und tat nichts, denn ich hoffte, es würde schon von allein wieder in Ordnung kommen. Aber das Gegenteil war der Fall gewesen, und schließlich war meine Welt auseinandergebrochen.

Seit ich diese Reise angetreten hatte, wurde meine Ahnung, dass der Grund für alle meine Probleme in mir selbst lag, immer mehr zur Gewissheit. Ich hatte stets geklagt, ich wüsste nicht, warum Maya so und nicht anders handelte und warum meine Karriere sich nicht in der Geschwindigkeit und in der Richtung entwickelte, die meinen Fähigkeiten entsprachen. In diesem Moment konnte ich mir diese und ähnliche Fragen plötzlich selbst beantworten. Indem ich tatenlos zugesehen hatte, wie so vieles in meiner Welt verkehrt lief, hatte ich mein Leben ins Chaos gestürzt.

Diese Erkenntnis kam zwar spät, aber es ist niemals zu spät, um sich zu verändern und das Richtige zu tun. Endlich war mir klar geworden, was ich falsch gemacht hatte, und diese neue Einsicht würde ich mein Leben lang beherzigen. Wenn man wirklich durchschaut hat, was in der Vergangenheit falsch lief, hat man die Möglichkeit, in der Gegenwart richtig zu leben und richtig zu handeln. Allmählich gefiel mir diese Prüfung, denn hier musste ich nach den höheren spirituellen Maßstäben der Liebe und der Mitwirkung handeln und durfte mich nicht einfach an materiellen Aspekten orientieren. Der Sadhu war eine hoch entwickelte Seele, und manchmal vermutete ich, dass Chandu das ebenfalls war. Ich erhob mich vom Grab des Hirschkalbes und reckte stolz die Arme in die Höhe. Als hinter mir eine vertraute Stimme ertönte, blieb mir vor Überraschung die Luft weg.

»Schön, schön, schön.«

Zuerst hörte ich die Stimme, dann sah ich den Sadhu auftauchen. Er wirkte erfreut, doch ich konnte nicht erkennen, ob er sich freute, weil ich die Prüfung bestanden hatte oder weil ich wieder durchgefallen war.

»Was haben wir denn hier?«, fragte er amüsiert. Er trat in den Kreis und schnupperte herum. »Einen schönen Blumenduft, das Hirschkalb ruht in Frieden und der Esel auch.« Beim Anblick des Esels, der mit geschlossenen Augen am Baum lehnte, lachte der Sadhu sich halb tot.

»Ich habe bestanden!« Ich umarmte Chandu, und wir führten ein Freudentänzchen auf.

»Du bist durchgefallen, mein Freund«, sagte der Sadhu immer noch belustigt.

Erschrocken krallte ich die Finger in Chandus Schultern und blieb stocksteif stehen. Chandu aber hatte ich mit meiner Begeisterung so angesteckt, dass er sich weiter drehte und mich beinahe umwarf.

»Unmöglich!«, rief ich.

»Du hast die Prüfung nicht bestanden«, sagte der Sadhu und verließ den Kreis wieder.

Ich rannte hinter ihm her. »Das müssen Sie mir erklären«, verlangte ich und stellte mich ihm in den Weg.

»Dein Versagen ist doch offensichtlich.« Der Sadhu drehte sich um und führte mich in den Kreis zurück.

»Du hast das getan, was nötig gewesen wäre, um die erste Prüfung zu bestehen«, erläuterte er und wies auf den Kreis. »Bei der ersten Prüfung solltest du dir deine eigene Welt schaffen, du solltest dich darum kümmern und für ein harmonisches Verhältnis mit der Welt ringsherum sorgen, die von Natur aus blüht und gedeiht. Das hast du jetzt getan – wunderbar. Damit hast du theoretisch die erste Prüfung bestanden. Aber was ist mit der zweiten? Was wurde bei der zweiten Prüfung von dir erwartet?« Der Sadhu hob eine Augenbraue und verschränkte die knochigen Arme.

Chandu nickte zustimmend. Offenbar freute er sich über diese Beurteilung.

»Aber Sie haben mir doch wieder die gleiche Aufgabe gestellt!«, protestierte ich.

»Nein, ich habe dir eine *zweite* Prüfungsaufgabe gestellt«, widersprach der Sadhu.

»Das war genau die gleiche Aufgabe: Ich sollte im Kreis bleiben, bis Sie zurückkommen. Exakt die gleiche Anweisung!«, wehrte ich mich.

Doch der Sadhu blieb unerbittlich. »Ich habe dir doch gesagt, dass ich dir eine zweite Prüfungsaufgabe stellen würde.«

»Und welches Ergebnis haben Sie bei der zweiten Aufgabe erwartet, die doch ganz genauso formuliert war wie die erste?« Ich war eher frustriert als neugierig.

»Gleich, nachdem du durchgefallen warst, habe ich dir die Lösung für die erste Aufgabe gegeben. Warum sollte ich dir wohl eine Aufgabe stellen, deren Lösung du bereits von mir erhalten hast? Also habe ich dir eine zweite Aufgabe gestellt, die sich ganz deutlich von der ersten unterscheidet. Diese zweite Prüfung war eine ganz neue Prüfung.« Während der Sadhu sprach, schüttelte Chandu über meinen vermeintlichen Mangel an Intelligenz feierlich den Kopf.

Ich verspürte einen Drang, der mir zur Gewohnheit geworden war: Ich wollte widersprechen, wollte argumentieren und den Sadhu unterbrechen. Aber ich hielt mich zurück.

Die Prüfungsaufgaben des Sadhus mochten ähnlich geklungen haben, aber sie waren ganz unterschiedlich. Und weil ich diesen Unterschied nicht erkannt hatte, war ich durchgefallen, basta.

»Um was ging es denn bei der zweiten Prüfung?«, fragte ich und gestand damit meine Niederlage ein.

Sofort wurde der Sadhu freundlich. »Du wolltest Chandu und die Esel während deiner Prüfung bei dir haben, aber du hast sie zu völlig überflüssigen Begleitern gemacht, weil du sie nicht in die Aufgabe mit einbezogen hast. Wenn du den Anwesenden nicht nützt und auch nicht zulässt, dass ihre Anwesenheit dir dienlich ist, mit welchem Recht verlangst du dann, dass sie bei dir bleiben?« Bei dieser Frage kniff er die Augen zusammen.

Ich hatte darum gebeten, Chandu und die Esel während der Prüfungen bei mir zu haben, weil ich mir Gesellschaft gewünscht hatte. Ich hatte nicht allein sein wollen. Aber jetzt ging mir plötzlich ein Licht auf: Ich hatte ihre Gegenwart auf ihre bloße Gesellschaft reduziert – ich hatte sie nur als Wesen betrachtet, die ich in meiner Nähe, in meinem Raum behalten wollte, damit ich mich nicht einsam fühlte.

»Weißt du eigentlich, wer Chandu ist?«, fragte der Sadhu. Beim Klang seines Namens richtete Chandu sich kerzengerade auf.

»Ein Träger«, antwortete ich.

»Das ist Chandus Tätigkeit, aber wer ist er wirklich? Was weißt du sonst noch über ihn? Was ist sein Ziel? Welche Stärken hat er? Warum befindet er sich in deinem Raum?« Der Sadhu machte eine Pause und fuhr dann fort: »Wusstest du, dass Chandu ein Heiler ist? Er kann mit Pflanzen heilen. Er besitzt ein so großes Wissen über das Leben und über die Pflanzenwelt, dass er praktisch einen Toten wieder zum Leben erwecken könnte. War dir das klar?«

Erneut hielt der Sadhu inne. Er interpretierte mein Schweigen.

»Du hast voller Stolz alles allein gemacht – und was war mit den anderen in deinem Raum? Hast du Chandu in deine Welt hineingeholt? Nein – er befand sich zwar in deinem Raum, aber nicht in deiner Welt. Du kannst dir nicht vorstellen, auf wie vielfältige Weise er dich bei deinen Tätigkeiten hätte unterstützen können. Er hätte das tote Hirschkalb wieder lebendig machen können – eben das Tier, das du begraben hast. Er hätte die Wunden des Esels heilen können, die du einfach nur abgedeckt hast. Er hätte dir helfen können, deinen Wunsch nach Freiheit zu verwirklichen.« Der Sadhu stieß mir den knochigen Zeigefinger in den Bauch, um seine Bemerkungen zu unterstreichen.

Seine Argumentation erstaunte mich. Hatte er mit der Behauptung, Chandu hätte das Hirschkalb wieder zum Leben erwecken können, übertrieben, um Chandus Stellung aufzuwerten? Oder war der junge Mann tatsächlich ein Wunderheiler?

»Wenn jemand sich in deinem Raum aufhält, geschieht das aus gutem Grund«, sagte der Sadhu. »Er oder sie muss einen Nutzen haben, für dich, für die anderen und für die ganze Welt. Wenn jemand sich also in deinem Raum befindet, hast du die Pflicht herauszufinden, wer dieser Mensch ist und welche Rolle er für dein Ziel spielt.«

Ich musste mich hinsetzen. Die Wucht dieser plötzlichen Erkenntnis war noch größer als die Last des Nichtverstehens.

Ich hatte keine Ahnung, wer Chandu in Wirklichkeit war. Bisher hatte ich ihn als idiotischen Achtzehnjährigen betrachtet, der gelegentlich einen Geistesblitz hatte. Seine Aufgabe war es, mich zu meinem Ziel zu führen. Ich hatte ihn so behandelt, wie es der Meinung, die ich mir über ihn gebildet hatte, entsprach – nicht aber so, wie es seinem wahren Wesen entsprochen hätte. Und damit war ich durch die Prüfung gefallen.

»Wenn du die Menschen in deiner Welt nicht kennst, sind sie für dich eine Bürde auf dem Weg zu deinem Ziel«, erklärte der Sadhu. »Wenn du andere nicht in dein Vorhaben einbeziehst, bilden sie Hindernisse auf deinem Weg. Zuschauer gibt es im Leben nicht. Alle Menschen sind aktive Mitspieler. Wenn sie nicht auf deiner Seite sind, dann sind sie irgendwann gegen dich, oder aber du wirst ihnen gleichgültig.«

Der Sadhu seufzte. »Jeder Mensch in deiner Welt spielt auf deinem Weg zum Ziel eine wichtige Rolle. Insbesondere gilt das für die Menschen, die dich lange auf deinem Weg begleiten – für deine Frau, deine Kinder und deine Kollegen. Die Menschen in unserem Leben und auf unserem Weg sind mit ihren jeweiligen Besonderheiten eine Bereicherung für uns. Wenn die Ziele von zwei oder mehreren Menschen übereinstimmen, dann gleichen ihre Wege sich an, und sie verfolgen ihr Ziel gemeinsam. In diesem Fall verlaufen die Wege der Menschen, die zu deinem Leben gehören, parallel zu deinem Weg. Und solange du dich von ihnen bereichern lässt und sie dabei so sein lässt, wie sie sind, und solange sie auf der Reise mit dir wachsen können – solange ist deine Welt bei ihnen sicher und ihre Welten sind bei dir sicher.«

Mir schwirrte der Kopf. Die Sichtweise des Sadhus schien Ordnung in meine Verwirrung zu bringen. Dafür war ich dankbar, denn es fühlte sich an, als würde ich von einem uralten Schmerz im Herzen geheilt. Andererseits aber war ich mit Pauken und Trompeten durch die Prüfung gefallen, und falls ich die dritte Prüfung auch nicht bestehen sollte, lag meine Zukunft auf dem Stein.

»Eine von dreien«, murmelte ich vor mich hin. Ich musste hier weg. Ich musste das Leben ein wenig sorgfältiger betrachten. Jeder falsche Schritt wirkte sich nicht nur auf mich aus, sondern brachte auch andere von ihrem Weg ab und damit in Gefahr, ihr Ziel nicht zu erreichen.

Der Sadhu war verschwunden. Bestimmt suchte er nach einer letzten Prüfungsaufgabe, die mich für immer hier in den Bergen gefangen halten würde. Doch da schoss mir blitzartig ein Gedanke durch den Kopf: »Chandu!«

Chandu spuckte den Grashalm aus, auf dem er herumgekaut hatte, und kam folgsam angerannt.

»Ja, Sahib.« Er sah aus, als freue er sich, dass ich ihn gerufen hatte.

»Was ist hier los, Chandu?«, fragte ich. »Hier geht es doch überhaupt nicht um meine Reise nach Hemkund Sahib. Ich bin offenbar auf einem anderen Weg. Du, der Sadhu, das Sadhana, das alles scheint einen Sinn zu haben, so als wäre es irgendwie geplant gewesen oder vorherbestimmt. Was geht hier eigentlich vor?« Dieses Mal würde ich mich durch nichts von seiner gottbegnadeten Antwort ablenken lassen. Seine Antwort würde möglicherweise mein Leben verändern und mir vielleicht auch einen Hinweis geben, wie ich die letzte Prüfung bestehen könnte.

»Sahib«, sagte Chandu und hockte sich neben mich. Wie immer ruhte sein ganzes Gewicht auf den Füßen, sodass sein Hinterteil den Boden kaum berührte. Ich musste daran denken, wie ich bei meinen frühmorgendlichen Joggingrunden zwar ein Auge auf den Weg gerichtet hielt, aber immer wieder einen Blick auf die Leute warf, die am Straßenrand kackten. Meine Frage verlangte eine spirituelle Antwort, und ich hatte ein tiefsinniges Gespräch erwartet, bei dem Chandu und ich wie zwei weise Männer im Kreis umherwandeln würden. Doch jetzt hockte er hier neben mir und zuckte dabei gelegentlich mit den Hinterbacken.

»Die Berge haben einen Zweck, ein Ziel – die Rückkehr zur Göttlichkeit.«

Nach dem letzten Wort hielt er die Luft an und presste einen quietschenden Furz heraus.

»Endlich«, sagte er erfreut. »Dieses Gras unterstützt die Verdauung, Sahib.« Er nickte.

»Erzähle mir mehr, Chandu.« Ich lenkte ihn wieder zum Thema zurück, damit seine Verdauung nicht direkt vor meinen Augen noch weitere Fortschritte machte.

»Vor zwei Jahrhunderten streifte ein Avatar, eine Verkörperung von Lord Vishnu, durch dieses Gebirge. Von hier aus konnte er den Zustand der Welt sehen. Er stellte sich auf die hohen Gipfel und beobachtete Jahr für Jahr, dass dem Planeten Erde Unheil drohte. Da entschied er, dass mehr Menschen gebraucht wurden, die für die Veränderung der Welt arbeiteten.« Chandu schien das Erzählen dieser Geschichte eingeübt zu haben.

»Warum konnte Vishnus Avatar die Welt nicht selbst verändern?«, fragte ich. »Er ist doch Gott, oder? Willst du damit sagen, dass Gott mehr Helfer braucht?« Chandus Erzählung schien ein dreister Versuch zu sein, mir anhand einer erfundenen Geschichte meine Frage zu beantworten, trotzdem beschloss ich, ihn zu Ende anzuhören.

»Warum hätte er das allein tun sollen? Das macht doch keinen Spaß, Sahib.«

So unglaublich ich die Theorie fand, dass hier eine göttliche Kraft am Werk war, so sehr konnte ich Chandus Argument zustimmen, dass es kein Vergnügen ist, allein zu arbeiten.

»Außerdem lernen die Menschen auch etwas, wenn sie

helfen. Gott kann die Erde wohl in Ordnung bringen, aber die Menschen stürzen sie dann wieder ins Chaos. Verstehen Sie?« Chandu hob die Augenbrauen.

Während er weitererzählte, betrachtete er ab und zu die Berge um uns herum. »Also rief Vishnus Avatar die mächtigen Geister der Gegend zusammen. Es waren einflussreiche Geister, große Schöpfer, die ihre Energie aber damit vergeudeten, Katastrophen zu schaffen. Denn wer nicht Wohlergehen und Glück fördert, schafft automatisch Unglück und Verzweiflung.«

»Warum hat er denn nicht die mächtigen guten Geister zusammengerufen, die Wohlergehen und Glück schufen?«, fragte ich. »Hätte das seine Arbeit nicht erleichtert?«

»Diese Geister arbeiteten ja bereits für ihn, Sahib. Warum sollte er sie aus ihrem System herausziehen? Diese Geister sind es, die die Erde gesund erhalten«, antwortete Chandu geduldig, und erneut erwachte der Respekt vor diesem bescheidenen jungen Mann in mir.

Ich schwieg. Seine Theorie klang nicht richtig. Ihre Glaubwürdigkeit hatte einen großen Fehler – mich selbst.

»Willst du damit etwa sagen, dass ich selbst ein mächtiges Wesen bin, das hierhergerufen wurde? Aber ich bin doch hier, weil ich versagt habe. Ganz ehrlich, ich fühle mich hilflos und verloren. Ich habe diese Reise unternommen, um den Kopf freizukriegen und nach Lösungen zu suchen. Es geht mir nicht darum, das violette Band zu finden, sondern ich will mich selbst finden. Ich bin kein mächtiger Mensch. Falls deine Götter das gehofft haben, werden sie schwer enttäuscht sein«, gestand ich.

Chandu lächelte freundlich. »Sie wissen, wer Sie sind, das Chaos in Ihrem Leben ist Ihnen bewusst und Sie wollen etwas verändern – das alles macht Sie zu einem machtvollen Menschen. Auf einem Podest zu stehen und anderen zu befehlen, sich zu ändern, ist keine Macht, sondern Arroganz. Wenn Sie Ihr Leben ruiniert haben, heißt das nicht, dass Sie machtlos sind, sondern dass Sie Ihre Macht in die falsche Richtung gelenkt haben. Wenn diese Kraftquelle, die Sie selbst sind, geheilt werden kann und dann nur noch Gedeihen und Wohlergehen schafft, wird diese Welt zu dem Paradies, auf das wir alle warten. Sie sind am richtigen Ort, Sahib, Sie sind in die richtige Richtung unterwegs, und daher bin ich überzeugt, dass Sie der richtige Mann sind.«

»Und was passiert, wenn man auf dem Stein sitzt?« Ich fühlte mich kein bisschen mächtig oder kraftvoll. Chandu täuschte sich. Ich kannte mich gut – von diesem Idealbild war ich weit entfernt.

»Das Sadhana kommt nicht aus dem Stein. Der Stein schafft nur die Energie und die physische Möglichkeit für das Sadhana.« Diesmal furzte Chandu noch lauter als zuvor, während er sprach.

»Dieses Gras wirkt Wunder für die Verdauung, Sahib. Vielleicht wollen Sie auch welches kauen?« Er schweifte wieder ab.

»Wie funktioniert das Sadhana?« Es war wirklich eine

Herkulesarbeit, ihn beim Thema zu halten. Aber ich musste dieses Sadhana unbedingt besser verstehen.

»Jeder erlebt es anders. Ich habe schon ganz erstaunliche Berichte gehört. Manche Leute erzählen, sie hätten während ihres Sadhana die Götter getroffen, andere berichten, sie hätten den Teufel umbringen müssen. Manche sagen, sie hätten nachgedacht und dadurch ihre eigene Kraft erkannt – indem sie sich mit dem auseinandersetzten, was sie bisher durch ihre Versäumnisse oder durch ihre Ängste geschaffen hatten. Manche haben mir sogar erzählt, dass sie in ihr Leben zurückkehrten und alles, was sie falsch gemacht hatten, wiedergutmachten. Ich bin jetzt schon neugierig auf Ihre Geschichte, Sahib.« Chandu wirkte aufgeregt.

Ich war zu verblüfft, um darauf etwas zu erwidern.

»Es macht mir Freude, Ihnen alles zu erzählen, Sahib, Ihnen alle Geheimnisse der Berge nahezubringen. Sie verstehen mich.« Er lächelte herzlich. Dann setzte er sich neben mich auf den Boden. »Die Blähungen haben sich beruhigt«, sagte er und streckte die Beine aus.

»Das Sadhana ist also im Grunde eine Art Meditation, oder nicht? Bloß dass dieses spezielle Sadhana auf einem magischen Stein stattfindet.« Besser konnte ich es nicht beschreiben, denn ich hatte Schwierigkeiten, den Begriff zu verstehen.

Chandu wirkte wie erstarrt vor Schreck, oder vielleicht deutete ich seinen Gesichtsausdruck auch nicht richtig. Oder aber er hatte die falsche Miene aufgesetzt. Er schüttelte den Kopf, als wäre das, was er zu sagen hatte, eine schlechte Nachricht für mich.

»Das Sadhana ist nicht einfach eine Meditation. Die großen Seelen sitzen hier nicht in Meditation.« Seine immer noch verstörte Miene strafte seine ruhige Stimme Lügen. »Das Sadhana ist die persönliche spirituelle Praxis, die ganz unterschiedlich aussehen kann. Und man verdient es sich. Man muss dazu bereit sein. Man muss sich entwickelt haben, um es zu üben. Die Dauer des Sadhanas ist nicht festgelegt. Der Körper muss dafür ausgeschaltet werden, damit man wirklich aus der eigenen Wahrheit heraus beobachten, empfinden und entscheiden kann. Der Körper aber ist mit der materiellen Welt verbunden, und die materielle Welt ist eine Illusion. Wie kann man die Wahrheit sehen, wenn man mitten in dieser Welt sitzt? Das Sadhana trägt Sie über das Reich der Illusionen hinaus. Es beginnt mit Ihrer Berufung und endet mit Ihrer Wahrheit.«

Das war mehr, als ich auf einmal verarbeiten konnte, aber ich war neugierig. Ich schwankte in meinem Glauben an Gott, und für Mythologie interessierte ich mich nicht wirklich. Wenn noch ein bisschen Metaphysik und hochgestochene Spiritualität dazukamen, stieg ich komplett aus. Und nun setzte ich meine ganze Hoffnung darauf, die dritte Prüfung zu bestehen. Falls das nicht klappte, würde ich nämlich mit Sicherheit auch beim Sadhana versagen, denn ich verstand diesen ganzen Vorgang nicht und glaubte auch nicht, dass ich eine hoch entwickelte Seele war, die dieser spirituellen Aufgabe gewachsen war.

»Also, bist du für deine letzte Prüfung bereit?« Plötzlich und zum richtigen Zeitpunkt tauchte der Sadhu wieder auf.

Nein, ich war nicht bereit, aber darum ging es jetzt nicht mehr.

»Eine von dreien!« Der Sadhu rieb sich die Hände, als hätte er sich eine ganz besondere letzte Prüfungsaufgabe für mich überlegt.

Chandu sprang auf, und ich rappelte mich ebenfalls hoch und klopfte mir den Dreck vom Hintern.

Alles verändert sich

Der Sadhu hob eine Handvoll Erde auf, ging damit um den Kreis herum und streute sie auf die Linie. Sobald die Erde den Boden berührte, verschwand der Kreis. Gott sei Dank, dachte ich. Die letzte Prüfung stand bevor, und ich war froh, dass der Sadhu die Grenze entfernt hatte. Jetzt hoffte ich bloß noch, dass Chandu auf meiner Seite sein und mir helfen würde, dem Sadhana zu entgehen, damit ich in mein gewohntes Leben zurückkehren konnte.

»Du siehst nachdenklich aus«, bemerkte der Sadhu.

»Ja, ich denke tatsächlich gerade nach.« Ich lächelte.

»Erzähl mir von deinen Gedanken.« Er wirkte neugierig und interessiert.

»Ich fühle mich stark, und ich glaube, ich habe alles im Griff. Mein Kopf ist klar, und die Verwirrung in Bezug auf mein Leben und meine Welt hat sich gelegt. Ich frage mich nicht mehr, was da eigentlich gerade in meinem Leben vor sich geht und wo ich stehe. Das ist mir jetzt alles klar. Mir ist bewusst geworden, dass ich in meiner Beziehung und in meinem Job eine Menge Fehler gemacht habe. Und seit ich mir das eingestehe, sehe ich auch Möglichkeiten, wie ich mein Versagen wiedergutmachen kann. Meine derzeitige Situation, vor allem, was meine Ehe und meine Arbeit angeht, wundert mich nicht mehr. Ich erkenne jetzt, dass das alles einfach eine Konsequenz meines eigenen Verhaltens und meiner eigenen Entscheidungen ist. Die ganze Zeit habe ich den Grund für mein Versagen in der Außenwelt, auf die ich keinen Einfluss habe, gesucht statt in mir selbst. Aber jetzt sehe ich, dass der eigentliche Grund dafür meine eigene Einstellung war. Und ob Sie's glauben oder nicht, das gibt mir Kraft. Jetzt bin ich nämlich überzeugt, dass ich die Lücken, die durch meine Versäumnisse entstanden sind, selbst füllen und mir ein beständiges Leben schaffen kann.«

Ganz ehrlich, ich fühlte mich größer, als ich beschreiben konnte. Manches verstand ich jetzt im Wesentlichen, auch wenn mir noch die Worte fehlten, um es zu erklären. Ich versuchte nicht, absichtlich weise zu klingen, sondern ich hatte wirklich das Gefühl, dass mein Verantwortungsbewusstsein und meine Bewusstheit zunahmen.

»Ich bin glücklich und habe ein Gefühl von Vollendung. Es fühlt sich an, als könnte nichts und niemand mir jemals mehr den Boden unter den Füßen wegziehen. Ich bin meinetwegen hier, und nur ich selbst kann mich hier wieder herausholen. Ich glaube, ich habe so viel gelernt, dass ich mein Leben jetzt auf ein Ziel ausgerichtet leben kann und auch andere damit zu bereichern vermag. Ich freue mich riesig. Und wissen Sie«, schloss ich, »ich kann meine erbärmliche Situation selbst verändern und mir eine bessere Zukunft schaffen.«

Der Sadhu schaute mich feierlich an und applaudierte dann. Auch Chandu klatschte mit und feierte meine neuen Erkenntnisse.

»Du hast große Fortschritte gemacht. Es ist unglaublich. Wenn ich nicht durch dein Wort gebunden wäre, würde ich dich augenblicklich gehen lassen, als freien Mann. Aber ich will dir einen Gefallen tun, für den du mir später einmal dankbar sein wirst: Ich werde dir eine ganz einfache letzte Prüfungsaufgabe stellen.« Wohlwollend lächelte der Sadhu mir zu.

Er winkte Chandu, der sogleich angerannt kam. Der Sadhu legte dem jungen Mann den Arm um die Schultern und spazierte mit ihm los, als wäre er ein guter Freund. Der Sadhu und der Träger – es war ein sehr erheiterndes Bild.

Endlich blieb der Sadhu stehen und flüsterte Chandu etwas ins Ohr. Chandu drehte sich um und schaute zu mir herüber, daraufhin fingen beide an zu kichern und lehnten ihre Stirn aneinander. Dann legte der Sadhu Chandu die Hand auf den Kopf und war im gleichen Moment verschwunden. Entweder war er mit übermenschlicher Geschwindigkeit fortgerannt, oder er konnte zaubern, oder aber ich war einfach nicht aufmerksam genug gewesen, um sein Verschwinden beobachten zu können.

Freudestrahlend kam Chandu zu mir herüber.

»Ihre dritte Prüfungsaufgabe, Sahib«, er schaute zum Himmel hinauf und machte vor der Stirn eine heilige Geste, »besteht darin, dafür zu sorgen, dass sich nichts verändert.« Chandu glühte vor Stolz. Offenbar erwartete er, dass ich ihn in irgendeiner Weise belohnte.

»Wie bitte? Was meinst du damit?« Ich packte ihn am Arm. »Bist du verrückt? Was soll das heißen, *›dass sich nichts verändert‹?*«

»Es heißt, dass Sie aufpassen müssen, dass sich nichts verändert, Sahib, bis der Sadhu wiederkommt. Ich richte Ihnen nur aus, was er mir gesagt hat. Es ist nicht meine Prüfung«, wehrte Chandu ab.

»Wie kann ich denn dafür sorgen, dass sich nichts verändert? Hier verändert sich doch alles. Sogar die Berge wandern in dieser verrückten Welt. Wege entstehen und verschwinden wieder. Ich will eine andere Prüfungsaufgabe. Diese ist unlösbar.« Meine Stimme bebte, als würde die Absurdität dieser Aufgabe gleich eine Panikattacke bei mir auslösen. »Ruf den Sadhu zurück!« Ich drohte Chandu mit der Faust.

Chandu schob meine Hand von seinem Arm weg und sagte ruhig: »Er kommt ja nachher wieder, Sahib. Und er hat gesagt, wenn er wiederkommt, möchte er alles so vorfinden, wie es jetzt ist. Sorgen Sie also dafür, dass sich nichts verändert.«

Ich kriegte den Mund nicht mehr zu. Ich war nicht einfach nur geschockt über diese letzte Prüfungsaufgabe, sondern mir blieb buchstäblich die Luft weg.

»Eine von dreien, Sahib. Diese ist die leichteste Aufgabe.« Mehr hatte der strahlende Chandu nicht zu sagen, als ich ihn hilfesuchend ansah.

Wie gern hätte ich vergessen, dass er ein hoch entwickelter Achtzehnjähriger war, und ihn wegen seiner naiven Frechheit zusammengeschlagen, von seinen Blähungen vorhin ganz zu schweigen. »Wie kann ich denn dafür sorgen, dass sich nichts verändert?« Ich packte ihn am Kragen, um meiner Frage Nachdruck zu verleihen.

»Sie kennen die Lösung. Aber vielleicht wissen Sie nicht, dass Sie die Lösung kennen. Ich bin hier, um Ihnen zu helfen, die Prüfung zu bestehen, Sahib, aber nicht, um Ihnen beim Pfuschen zu helfen.«

In Chandus Worten kam ein Vertrauen zu mir zum Ausdruck, das mir selbst fehlte. Wie konnte ich die Veränderung von irgendetwas aufhalten? Wandel fand immer und überall statt, ohne dass ich daran beteiligt war oder ihn gar erlaubte. Wie konnte ich das verhindern? Veränderung ist das einzige Unveränderliche in dieser Welt. Diesen Satz hatte ich in meinen Motivationsvorträgen vor meinem Team verwendet. Und heute sollte ich mich gegen diese Wahrheit auflehnen?

»Wie kann ich eine Illusion verändern, die ja nicht einmal real ist?« Ich deutete auf die Berge, die mich in meiner Hilflosigkeit verspotteten, indem sie sich bewegten.

»Genau, Sahib«, bestätigte Chandu.

Ich schaute ihn an. Statt mir eine Antwort zu geben, bestätigte er nur, dass ich verwirrt war.

»Wie kann ich denn den Himmel davon abhalten, sich zu verändern? Darüber habe ich doch keine Kontrolle«, flüsterte ich ratlos.

»Wie kann ich das Tal der Blumen davon abhalten, sich zu verändern? Wie kann ich den Weg daran hindern, sich zu verändern? Die Welt verändert sich doch ständig. Ich kann das nicht verhindern, du kannst es nicht verhindern, und selbst dein elender Sadhu kann es nicht verhindern!« Meine Stimme war jetzt lauter, und ihr Echo hallte noch lange wider.

»Genau, Sahib.« Mittlerweile machte Chandu ein finsteres Gesicht.

»Was ist das dann für eine Prüfung? Ist es überhaupt eine Prüfung? Der Sadhu verlangt etwas von mir, das sich gegen die Naturgesetze richtet. Das ist ein Verbrechen!« Ich war empört.

Chandu stand nun in sicherer Entfernung von mir. Das war auch gut so – ich traute meiner Selbstbeherrschung nicht mehr. Mir war ganz egal, wie mächtig der Sadhu war, mir war egal, wie viele Jahre oder wie viele Leben er mit spirituellen Übungen verbracht hatte – er verlangte etwas Unmögliches von mir. Das war doch genauso, als würde man jemanden auffordern, unsterblich zu werden. Ich konnte diese Aufgabe unter keinen Umständen lösen, und der Sadhu konnte es auch nicht. Ich suchte nach einer tieferen Bedeutung, fand aber weder eine heilige noch eine weise Erklärung, um diese Prüfung zu bestehen. »Das ist unmöglich!«, murmelte ich schließlich frustriert.

Wenn der Sadhu zurückkam, würde die Welt sich verändert haben. Alles würde anders sein, und er würde mich zu dem Sadhana verdonnern, dem er selbst entkommen wollte. Chandu war den Weisheiten des Sadhu bereits verfallen, daher würde er ihm gegenüber natürlich loyal sein. Und da die beiden bei einer Entscheidung über mein spirituelles Versagen in der Mehrheit waren, war ich verloren.

Hier konnte ich nicht bestehen, ich war durchgefallen, bevor die Prüfung überhaupt begonnen hatte. Ich setzte mich auf einen kleinen Stein, der von gelb blühendem Sonnenhut umgeben war. Maya liebte Sonnenhut, und meine kleinen Töchter liebten Lilien. Ich überlegte, ob sie annehmen würden, ich wäre tot, wenn ich nicht zurückkam. Wenn Menschen aus dem Gebirge nicht zurückkehren, erklärt man sie normalerweise für tot. Aber niemand geht auf die Suche nach der Leiche, denn niemand weiß, wo die Leiche sein könnte.

Ich überlegte, ob Maya wohl wieder heiraten würde. Der Gedanke daran brach mir fast das Herz. Wir hatten so vieles gemeinsam durchgestanden – undenkbar, dass sie in den Armen eines andern liegen könnte. Wir waren zusammen glücklich gewesen. Würde ich jemals die Chance bekommen, ihr zu sagen, dass es mir leidtat und dass ich alles tun würde, um unsere Ehe zu retten? Ohne Maya würde mein Leben einsam sein.

Und würde ich jemals wieder die Möglichkeit haben, meine Töchterchen in die Arme zu schließen? Oder würde ich hier sterben? Würden die kleinen Mädchen ohne

Vater aufwachsen? Und falls es mir gelingen sollte, in ein paar Jahren von hier abzuhauen, würden sie mich dann noch brauchen? Würden sie mich noch lieb haben? Würden sie mir verzeihen, dass ich dumme Entscheidungen getroffen und die liebste Familie der Welt zerstört hatte?

Um meine Arbeit machte ich mir keine Sorgen. Niemand ist unersetzlich, wenn es um den Job geht. Die Firma würde innerhalb von wenigen Tagen einen neuen Marketingchef einstellen. Ich hoffte, dass er nicht die gleichen Fehler machen würde wie ich.

Mich fröstelte. Der Wind war kalt geworden. Er blies mir ins Gesicht und biss mir mit eisigen Zähnen in die Wangen. Ich knöpfte meinen Mantel zu und überlegte, ob ich Chandu noch einmal um Hilfe bitten sollte. Würde ich dann klein und dumm wirken? Chandu hatte gesagt, er könnte mir helfen zu bestehen, nicht aber zu pfuschen. Was würde es schon schaden, es noch einmal zu versuchen?

»Kannst du mir helfen zu bestehen, Chandu?« Ich erstickte fast an meinen Worten, und insgeheim hoffte ich, er würde mich nicht hören.

»Ja, Sahib«, erwiderte er genauso ernsthaft, wie ich ihn gefragt hatte. »Sorgen Sie einfach dafür, dass sich nichts verändert.«

Ich wusste nicht mehr, wie ich auf seine Worte reagieren sollte. Eine Träne rollte mir über die Wange und hinterließ eine eisig brennende Spur.

Niederlagen erschöpfen uns geistig und körperlich. Ich war müde, sehr müde. Dieser Zustand war mir nur allzu vertraut. In letzter Zeit hatte ich täglich dagegen angekämpft. Aber erst jetzt erkannte ich den Grund dafür. Der Körper kämpft, solange es Hoffnung gibt. Wenn alle Hoffnung verflogen ist, bricht er zusammen. Ich legte mich ins Gras. Ab und zu strichen mir im Wind schwankende Blumen übers Gesicht. Ich sah, wie die Wolken ihre Form veränderten. Ich sah die Vögel vorbeifliegen. Ich sah, wie die Welt ringsherum sich veränderte und immer weiter veränderte.

Ich hatte die Prüfung nicht bestanden. Ich weinte. Mein Schluchzen kam tief aus dem Herzen, und ich hatte es lange unterdrückt. Tränen der Niederlage rannen mir aus den Augenwinkeln und bewässerten den Boden. Ich weiß nicht, wie lange ich so gelegen hatte, als eine vertraute Stimme ertönte:

»Schön, schön, schön.«

Ich brauchte ewig, um mich wenigstens aufzusetzen. Ich war so kaputt, dass ich mir nicht einmal die Mühe machte, aufzustehen und mir mein Urteil anzuhören. Der Sadhu stand hinter mir, das fühlte ich. Auch Chandu konnte ich hinter mir spüren.

»Was haben wir denn hier?«, spöttelte der Sadhu vergnügt.

Jetzt reichte es aber. Das brachte das Fass zum Überlaufen. Der Sadhu trieb mich zum Äußersten. Zornentbrannt sprang ich auf und stellte mich vor dieses Gerippe von einem heiligen Mann, vor diesen meisterhaften Verhandlungsführer.

»Sie haben mich ausgetrickst. Sie haben mir eine Prüfungsaufgabe gestellt, die unlösbar ist!«, brüllte ich ihm ins Gesicht. Die Berge warfen das Echo meines Wutausbruchs vielfach zurück.

»Bitte, ich verstehe dich nicht.« Der Sadhu wandte sich an Chandu, um sich meine Wut erklären zu lassen, der aber zuckte bloß die Achseln.

Die beiden waren ein Team, soviel war mir klar. Sie spielten mit mir. Schließlich war Chandu es gewesen, der mich zu dem Sadhu geführt hatte. Mit seinem unschuldigen Charme und seinem ewigen Refrain »Es dauert lange, Sahib« hatte er mich nicht zu meinem Ziel, sondern auf einen Irrweg geführt.

»Wie kann ich denn dafür sorgen, dass sich nichts verändert? Alles ist doch ständig im Wandel. Wie kann ich das aufhalten? Das ist ein Naturgesetz. Es ist das Gesetz des Universums – Veränderung. Wie soll ich die denn aufhalten?« Schimpfend machte ich meinem Frust Luft.

»Genau«, sagte der Sadhu zustimmend.

»Genau was?«, fragte ich verwirrt.

»Ganz genau!« Der Sadhu hob den Zeigefinger, um seine Worte zu unterstreichen.

Ich wartete darauf, dass er weitersprach.

»Du kannst nichts und niemanden davon abhalten, sich zu verändern. Das kannst du nicht. Es ist nicht möglich.«

Seine Worte waren Musik in meinen Ohren. Er gab es also zu. Das hatte ich gar nicht erwartet.

»Aber«, fuhr er fort, und ich wusste, dass seine folgenden Worte mich auf den Stein verbannen würden, »es gab etwas, dessen Veränderung du hättest aufhalten können. Es war das Einzige, was sich nicht hätte verändern dürfen, nämlich dein eigenes Selbstvertrauen.« Der Sadhu legte mir die Hand auf die Schulter.

»Als ich vorhin hier wegging«, sagte er, »ließ ich einen Mann zurück, der voller Kraft war und als Folge seiner Erkenntnisse einen Entwicklungsprozess durchlief. Der Mann, den ich hier zurückließ, hatte die Verantwortung für seine unglückliche Vergangenheit übernommen und war sich sicher, dass er eine bessere Zukunft schaffen würde. Dieser Mann war bereit, ja, er brannte darauf, sein Leben wieder selbst in die Hand zu nehmen und es mit Anstand und Erfolg weiterzuführen. Aber der Mensch, zu dem ich zurückgekehrt bin, ist ein vollkommen anderer, er hat sich in das Gegenteil des Menschen verwandelt, den ich hier verlassen hatte.

Jetzt sehe ich einen geschlagenen Mann vor mir. Zweifel, Reue und Angst quälen ihn. Er hat alles Gute um sich herum infrage gestellt und abgewertet. Er hat sogar angefangen, den Wert seiner Existenz infrage zu stellen und im Zuge dessen auch die Ziele der Menschen in seiner Welt, weil er sie auf seine Stufe herunterziehen will. Der Mann, den ich hier sehe, ist kein Geschenk für die Menschheit, nein, er ist mit allem infiziert, was es braucht, um seine eigene Welt und die Welt anderer Menschen zu zerstören.

Auf der physischen Ebene ist hier eigentlich nichts passiert. Niemand hat irgendetwas Schlimmes zu dir gesagt. Niemand hat dir etwas vorgeworfen, dich beschuldigt oder dich heruntergemacht. Du allein hast dein ganzes Universum verändert, ohne Eingreifen von außen. Und wenn du das Universum in deinem Kopf veränderst, hat das Einfluss auf deine Entscheidungen und deine Handlungen. Auf diese Weise manifestierst du auch in deiner physischen Welt Veränderungen. Der Mann, den ich hier zurückgelassen habe, hatte sich mithilfe seiner Erkenntnisse im Kopf eine sehr schöne Welt geschaffen. Und das reicht aus, um auch auf der physischen Ebene mit der Schöpfung einer schönen Realität zu beginnen.

Du kannst nichts und niemanden davon abhalten, sich zu verändern. Nur deinen eigenen Zustand kannst du beeinflussen. Die Welt verändert sich ständig – das ist das Gesetz des Universums, wie du richtig erkannt hast. Aber veränderst du dich in einer Weise, die der Welt entsprichst, oder verändert die Welt sich in einer Weise, die deiner Vision entspricht? Die Antwort auf diese Frage wird dich entweder in die Katastrophe oder zum Erfolg führen.«

Ich staunte mit offenem Mund. Seine Worte und sein Einblick in mein Leben verblüfften mich.

»Die Welt wird sich weiter verändern. Aber warum hast du dich verändert? Aus lauter Frustration darüber, dass die Welt ihre Aufgabe erfüllte, nämlich sich wandelte? Lass die Welt sich ruhig verändern, aber du darfst deine positive Haltung nicht aufgeben. Lass die Welt sich verändern, aber dein Selbstvertrauen darf nicht in Selbstzweifel umschlagen, bloß weil diese Veränderungen dir nicht gefallen. Lass die ganze Welt sich verwandeln – aber du darfst dein Glück nicht infrage stellen, auch wenn die Welt anscheinend nichts als Verzweiflung auf dich projiziert. Wenn du an deinen Erkenntnissen und an deiner Kraft festhältst und dafür sorgst, dass dieser Zustand sich nicht verändert, wirst du einfach durch dein stabiles Selbstvertrauen und deine Selbstgewissheit die Welt verwandeln.

Wenn du dir diesen machtvollen Zustand bewahrst, hast du die Kontrolle über alles, was um dich herum im Wandel ist oder gleich bleibt. Die Welt reagiert darauf, wer du bist.« Damit beantwortete der Sadhu meine Frage und verkündete gleichzeitig meine totale, endgültige Niederlage.

Seine Ausführungen machten mich sprachlos. Das hier war die weitaus wichtigste Lektion, die ich jemals in meinem Leben erhalten hatte. Natürlich, die Dinge um mich herum veränderten sich, aber das war kein Grund, dass ich mich als Reaktion darauf ebenfalls veränderte. Genau das hatte ich jedoch getan. Als ich meine Verfassung und meine Reaktion in negativer Weise veränderte, verwandelte auch die Welt sich weiter in Richtung Negativität. Und bald war in Vergessenheit geraten, ob ich mich als Reaktion auf meine Umwelt veränderte oder ob meine Umwelt sich als Reaktion auf mich veränderte.

Ich war an der dritten Prüfung genauso gescheitert wie an den beiden vorangegangenen. Ich hatte meine eigene

Kraft und meine Fähigkeiten nicht erkannt. Aber an meinem Versagen in den Prüfungen war ich gewachsen. Das Leben prüft uns alle, doch manchmal lernen wir unsere Lektionen nicht richtig oder erkennen sie nicht. Auf einmal war ich dankbar und glücklich, weil ich mich genau hier an dieser Stelle befand. Die Wolke des Zweifels und der Schatten der Wut hatten sich aufgelöst. Allein diese Erkenntnis reichte, um mein Leben zu verändern.

»Ich bin bereit, meinen Platz auf dem Stein einzunehmen«, sagte ich und wandte mich dem Sadhu zu. »In der Prüfung habe ich vielleicht versagt, aber mein Sadhana habe ich mir verdient.«

Der Sadhu lächelte. Chandu kicherte, er schien hellauf begeistert zu sein. Die beiden fassten sich an den Händen wie beste Freunde und führten einen Freudentanz auf, so glücklich waren sie, dass sie ihr Ziel erreicht hatten. Es kam mir vor, als hätten sie den Auftrag gehabt, mich so weit zu bringen, dass ich mein Sadhana einforderte.

»Ich bin frei!«, brüllte der Sadhu, und die Berge verkündeten mit jedem Zoll ihrer unermesslichen Weite seine Freiheit.

Der Stein

Der Stein befand sich ganz in der Nähe, und der Pfad, der zu ihm hinführte, wirkte, als sei er in den steinigen Boden eingemeißelt. Meine Begegnung mit dem Sadhu, die Prüfungen, die nicht enden wollende Reise – das alles schien sich nun zusammenzufügen, und ich konnte den Plan dahinter erkennen.

Die Berge wirkten jetzt sogar noch rätselhafter, denn sie bewahrten das Geheimnis meiner Erlösung. Der reißende Fluss und der Stein warteten nur wenige Hundert Meter entfernt auf mich. Der Sadhu war begeistert.

»Gehen Sie mit Ihrer bläulichen Hautfarbe zurück? Bekommen die Leute dann nicht Angst vor Ihnen?«, fragte ich neugierig.

»Der Körper gehört den Bergen«, erklärte der Sadhu. »Der Stein erhält deinen Körper mit seiner Energie. Allein mit seiner Energie erhält er den Körper am Leben. Der Stoffwechsel verlangsamt sich, um Energie zu sparen, und das Blut zirkuliert so langsam, dass der Körper blau wird. Die Farbe Blau symbolisiert auch Lord Vishnu. Weil dein Sadhana sein Wille ist, beschützt seine Energie deinen Körper. Das Fleisch zieht sich zurück, und die Knochen werden dir helfen, die großen Anstrengungen, die dein Geist und deine Seele dem Körper im Sadhana abverlangen werden, zu überleben. Jeder Mensch auf dem Stein wird von der Göttlichkeit Lord Vishnus eingehüllt. Wenn du dein Sadhana beginnst, werden du und der Höchste sich aufeinander einstimmen«, erklärte der Sadhu.

»Du leidest, weil du die Wahrheit erkennst. Du bist hier, weil du feststellst, dass diese Wahrheit im Gegensatz zu deiner bisherigen Lebensführung steht. Wenn du während deines Sadhanas herausfindest, wer du wirklich bist – also die Wahrheit über dich selbst –, wird sich eine neue Welt, eine Welt, die deiner würdig ist, entfalten.

Wenn dein Sadhana endet, wähle gut.« Der Sadhu verneigte sich und wollte sich Chandu zuwenden.

»Und was ist mit Ihnen?«, fragte ich ihn, denn er hatte mich inspiriert und faszinierte mich. »Wie sind Sie hergekommen? Was hat Sie zu dem Stein geführt?« Außerdem hätte ich gern gewusst, wie lange er gebraucht hatte, um sein Sadhana zu beenden. Ich wollte erfahren, was er gelernt und wie das Sadhana sein Leben verändert hatte.

»Ich möchte gern länger mit Ihnen sprechen.« Bittend schaute ich den Sadhu an. Ich wollte möglichst viel über ihn und seine Reise hierher erfahren.

»Wer ich bin? Wie ich hergekommen bin? Was ich gelernt habe? Wo ich hingehe? Wieso interessierst du dich für mein Leben und mein Ziel? Inwiefern könnte dein Wissen über mich dein Wissen über dich selbst vertiefen? Wenn du dir die neugierigen Fragen, die du an mich hast, selbst gestellt hättest, wärst du nicht hier.

Du begibst dich jetzt auf eine spirituelle Reise, und ich möchte dir die Konzentration darauf nicht nehmen. Ich will dich weder beeinflussen noch inspirieren. Ich bin hier fertig. Mache meine Reise nicht zum Maßstab für deine eigene Entwicklung. Benutze meine Gegenwart nicht als Erklärung für deine Situation.

Warum bist du hier? Was wirst du lernen? Wer wirst du werden? Wo wirst du hingehen? Die Antworten auf diese Fragen werden deine Seele befreien. Ich möchte nicht, dass du mich auf deine Reise mitnimmst. Ich habe mein Sadhana abgeschlossen. Nimm mich nicht mit in deines hinein.« Der Sadhu hob die Hand als Zeichen dafür, dass meine Fragerei und unser Gespräch beendet waren.

Chandu zeigte kein Interesse daran, mir Glück zu wünschen oder sich von mir zu verabschieden. Er war ganz damit beschäftigt, Blätter zu pflücken, den Eseln etwas zuzuflüstern und meine Skibrille zu untersuchen. Ich fragte mich, ob er auf mich warten würde. Schließlich hatte ich ihn als Träger angeheuert, daher war er an mich gebunden.

Ich setzte mich auf den Stein. Sogleich begann die Lebenskraft in meine Adern einzudringen, und mein Körper bebte unter den Strömen, die ihn durchflossen. Ein bläulicher Schimmer färbte alles, was ich sah. Auch Chandu und der Sadhu sahen blauer aus als sonst. Jetzt geschah es tatsächlich, und es geschah mir. Ich konnte es nicht glauben, aber so war es. Der Stein übernahm meinen Körper, er nahm ihn in seine Obhut und sorgte dafür, dass er überlebte, bis mein Geist zurückkehrte, um ihn wieder zu bewohnen. Meine Atmung wurde immer flacher und langsamer, bis zwischen zwei Atemzügen eine Pause von einer ganzen Ewigkeit zu liegen schien. Mein Blick war fest auf den Raum zwischen Chandu und dem Sadhu gerichtet.

»Das ist es also?«, flüsterte ich. Ich sah Chandu spucken, und aus dem Augenwinkel sah ich auch den Sadhu, sah sein Lächeln, und ich lächelte ebenfalls.

Ich hörte, wie der Atem durch meine Luftröhre in die Lungen strömte und dann langsam wieder zurück. Mein Herz schlug so langsam, dass die Zeit stillzustehen schien, um auf den nächsten Herzschlag zu warten. Meine Zunge klebte am Gaumen und verschloss meinen Mundraum. Mein Bauch begann, sich nach innen zurückzuziehen. Ich spürte etwas Enges um meinen Körper herum. Es war meine Haut, die sich zusammenzog, als würde ich eingepackt und ausgewrungen und in einer bestimmten Position aufrecht gehalten. Die Berge vor mir bewegten sich mit großer Geschwindigkeit, und mein Gesichtsfeld begann zu verschwimmen.

Ich machte die Augen zu und schloss die Welt aus meinem Geist aus.

Die guten Samen

Wie lässt sich Stille beschreiben? Sie ist nur in den Tiefen der Seele zu hören. Stille ist nicht die Abwesenheit von Lärm oder von Klängen. Stille ist das Hervortreten der eigenen Stimme, damit wir hören, erfahren und in Frieden sein können. Stille lässt das Ich auftauchen, das wirkliche Ich, das unter dem Getöse von Titeln, Rollen und Beziehungen verschüttet war.

Lärm und Geräusche nahmen immer weiter ab, bis ich nichts mehr hörte außer meinem eigenen Atem, dieser Kraft, die den Körper am Leben erhielt. Die Abstände zwischen den einzelnen Atemzügen wurden immer länger, bis ich diesen Kampf ums Leben irgendwann nicht mehr hörte.

Was sollte ich jetzt tun?

Die Frage versank in der Stille. Es gab nichts mehr. Keine Stimme. Keinen Gedanken.

Doch dann wurde ich aus meinem meditativen Zustand herausgerissen, weil der Boden unter mir zu grollen und zu brüllen begann und dann heftig bebte. War das wieder ein Erdbeben? Es kam mir viel stärker vor als das Beben, das ich auf meiner Reise hierher erlebt hatte. Ich hörte laute Donnerschläge, die aber nicht vom Himmel kamen, sondern aus dem Felsgestein unter mir herausbrachen. Die Erdstöße schüttelten mich fast von meinem Sitzplatz hinunter. Sie waren so stark, als wollten sie mich ganz vom Stein hinabstoßen.

Ich versuchte, die Augen zu öffnen, aber sie waren wie versiegelt. Ich versuchte, die Hände zu bewegen, aber sie waren leblos und gehorchten meinem Willen nicht.

Mein Sadhana war unterbrochen. Vielleicht sollte es doch nicht sein. Vielleicht war ich nicht bereit dafür. Vielleicht sollte ich sterben. Ich nahm meine ganze Lebenskraft zusammen und bemühte mich, die Augen aufzureißen. Als meine Augenlider sich schließlich einen Spaltbreit voneinander trennten, riss mich der Anblick des Gebirges vollends aus meiner Meditation heraus.

Die Berggipfel wurden auseinandergerissen. Der Boden schüttelte sich wie in einem Anfall von unbeherrschbarer Hysterie. Obwohl meine Augen nur ein wenig geöffnet waren, konnte ich klar und deutlich sehen. Mein Körper befand sich immer noch unbeweglich in der Obhut des Steins, aber ich spürte die starken Erschütterungen. Eine gewaltige Kraft zerrte an meinem Sitzplatz und an dem ganzen Stein. Ich wollte aufstehen, konnte mich aber nicht rühren.

Wo waren Chandu und der Sadhu? Von den beiden Männern und den Eseln war keine Spur zu sehen.

Die Berge brachen auseinander, dabei stürzten sie nicht in sich zusammen, sondern trennten sich einfach voneinander. Aus den dadurch entstandenen Spalten stiegen rauchähnliche graue Aschewolken auf, mit einer derartigen Geschwindigkeit, als würden sie aus langer Gefangenschaft fliehen. Sie sammelten sich in einer riesigen Aschewolke, die sich über das Tal legte, die Verbindung zum Himmel abschnitt und eine Decke aus Finsternis über die Landschaft breitete.

Während die Aschewolke über mir rasend schnell näher kam, wurde unter mir immer heftiger an meinem Stein gerüttelt. Ich saß einfach da, als Zeuge, als Beobachter der Katastrophe, die sich vor meinen Augen abspielte.

Die Beben und die ständigen Erschütterungen lockerten den felsigen Untergrund. Jeder Stoß brachte Erde, Geröll und Felsbrocken zum Tanzen. Ich sah, wie die Spalte in dem Felsen neben mir breiter wurde, und dann ertönte wenige Handbreit von meinem Sitzplatz entfernt ein lauter Knall. Um mich herum hob sich der Untergrund. Ich spürte Stöße unter mir, so als würde jemand von unten gegen meinen Stein schlagen, um ihn freizubekommen. Und dann hörten die Stöße plötzlich auf. Mein Stein hob sich für einen Sekundenbruchteil und brach dann aus dem Muttergestein heraus.

Die Spalte vor mir verbreiterte sich jetzt erschreckend schnell, bis sie das Tal in zwei Hälften teilte. Die Erdstöße folgten immer schneller aufeinander. Mein Stein begann abzusacken und nahm mich mit.

Mein Körper klebte an dem Stein, als wäre er mit ihm verwachsen. Der zweckgebundene Stein, der Sitz, auf dem ich mein Sadhana ausführen sollte, sank Stück für Stück in den Untergrund hinein. Die Erschütterungen dabei waren so ungeheuer stark, dass es sich anfühlte, als würde jemand den Stein nach unten ziehen. Ich sah noch, wie die Aschewolke immer näher herantrieb, wie der Untergrund aus seiner felsigen Verankerung gerissen wurde und wie die Spalten immer breiter wurden. Und dann war ich innerhalb von wenigen Sekunden ganz im Boden versunken und sah ringsherum nur noch die feuchten Felswände, die sich hochgeschoben hatten, eine Todeszelle, die mich für immer festhalten würde. Ich wollte den Kopf in den Nacken legen, um hochzuschauen, aber ich konnte ihn nicht bewegen. Erneut hörte ich ein lautes Krachen, dann wurde alles dunkel, und Erde regnete auf meinen Kopf hinunter. Ich war von der Welt über mir abgeschnitten.

Ich wäre gern in Panik geraten, doch ich fühlte überhaupt nichts. Es ist schwer, Panik zu empfinden, wenn der Körper nicht mitmacht. Um mich herum war nichts als pechschwarze Finsternis, und ich sackte immer noch weiter nach unten. Jetzt wünschte ich mir, ich hätte anfangs nicht die Augen geöffnet. Was geschehen sollte, wäre ohnehin geschehen. Dazu brauchte es meine Erlaubnis nicht. Aber es zu sehen und nicht in der Lage zu sein, mich zu beteiligen oder darauf zu reagieren, war eine neue Erfahrung.

Ich brauchte einige Sekunden, um mich an diesen Zustand der absoluten und vollkommenen Selbstaufgabe zu gewöhnen. Da ich ohnehin nichts tun konnte, beschloss ich, mich ganz auf diese Erfahrung einzulassen. Ich kostete jeden Moment aus, nahm intensiv die Finsternis wahr, den Weg immer tiefer in den Untergrund hinein und die Kraft, die mich hineinzog. Ich wollte dem Geschehen keine Bedeutung geben – ausnahmsweise wollte ich einmal zulassen, dass die Bedeutung sich mir offenbarte.

Aber auch wenn mein Ritt auf dem Sadhana-Stein holprig war, schien sich hier nicht einfach eine willkürliche Kraft auszutoben. Nein, ich wurde geführt, vielleicht auch gerufen.

Nach meiner Schätzung befand ich mich schon etwa dreißig Meter unter der Erdoberfläche, als meine Abwärtsfahrt mit einem Krachen zum Stillstand kam. Ich war in einem tiefen Schacht gefangen.

Reglos starrte ich in die Finsternis. Ich saß immer noch auf dem Stein. Vielleicht war das ja mein Sadhana. Doch da nahm ich ganz überrascht einen Luftzug wahr. Irgendwo existierte also doch noch eine Verbindung zu der Welt über mir.

Gleich darauf fiel mir ein schwacher Lichtschimmer auf. Mit seiner Hilfe konnte ich mich ein wenig orientieren und sah nun, dass mein steinerner Sitz neben einer Tunnelöffnung zur Ruhe gekommen war. Das Licht flackerte irgendwo in diesem Tunnel und erschien mir wie ein Befehl, ihm nachzugehen. Aber wie? Mein Körper gehorchte mir nicht. Kaum jedoch hatte ich diesen Gedanken zu Ende gedacht, da sackte mein Körper auf dem Stein in sich zusammen. Der Bann war gebrochen.

Meine Arme schmerzten, und meine Beine zitterten. Die Schwerkraft war so stark, dass ich das Gefühl hatte, die ganze Welt auf meinen Schultern zu tragen. Mit großer Mühe kam ich auf die Füße, musste mich aber an der feuchten Felswand abstützen. Mal wurde der Tunnel durch das flackernde Licht schwach erhellt, dann wieder versank er in Finsternis.

Ich konnte nicht gehen, konnte keinen einzigen Schritt vorwärts machen, weil die Erdanziehungskraft mich nach unten zog. An die Felswand gelehnt wartete ich darauf, dass das Licht mich führte oder, was am besten gewesen wäre, dass jemand mich fand.

Die Tunneldecke war recht hoch, etwa dreieinhalb Meter, aber der Durchgang war eher eng. Mit ausgestreckten Armen hätte ich beide Wände berühren können. Das matte Flackern beleuchtete kleine Dampfwölkchen, die vor den Tunnelwänden schwebten. Als sich ein eigenartiger Geruch ausbreitete, rümpfte ich die Nase und versuchte, ihn auszuatmen. Aber mit jedem Atemzug wurde mir schwindliger. Mein Körper jedoch wurde merkwürdigerweise von neuer Stabilität durchströmt. Allmählich löste das Schweregefühl sich auf, wurde erst erträglich und verschwand dann ganz. Ich vermochte nun aufrecht zu stehen und stützte mich nur noch mit den Händen an den Tunnelwänden ab. Schließlich machte ich die ersten beiden

Schritte ins Unbekannte, um dem Sinn meines Aufenthalts hier näherzukommen.

Das Licht flackerte, als wolle es mich necken. Mich an den Tunnelwänden entlangtastend ging ich weiter darauf zu. Je näher ich kam, desto heller und größer wurde das orangegelbe Flackern. Weiter vorn machte der Tunnel eine scharfe Biegung. Dort warf das Licht einen Schatten auf die Wand. Ich sah den Schatten eines Mannes, der einen großen Haarknoten auf dem Kopf trug.

Es war ein Sadhu. Schon wieder?

Diese heiligen Männer mit ihrer mystischen, ewigen Weisheit schienen überall zu sein. Anscheinend liefen sie mir ständig über den Weg. Sie waren lustig und klug, und in meinen Augen besaßen sie übernatürliche Kräfte. Vor lauter Freude bekam ich Herzklopfen.

Wachsam und angespannt schlich ich um die Biegung herum und blickte in einen ovalen Raum, der offenbar das Ende des Tunnels bildete. Die Decke war fast fünfzehn Meter hoch, und auch hier waren die Wände feucht. Rinnsale aus Wasser oder einer anderen Flüssigkeit schimmerten im Licht. Daraus entstanden die eigenartigen Dämpfe, dic vermutlich für den seltsamen Geruch und die Betäubung meiner Schmerzen verantwortlich waren. Das Licht stammte von einem kleinen, lodernden Feuer, das nur von zwei Zweigen genährt wurde. Sie brannten offenbar, ohne jemals zu verbrennen, so als seien sie verzaubert. Neben dem Feuerchen saß der Sadhu. Er hatte die Beine ungezwungen ausgestreckt und paffte eine kleine Tonpfeife. Er inhalierte den Rauch und produzierte beim Ausatmen große Mengen von Rauchringen.

Ich betrachtete ihn genau, doch es war schwer zu sagen, ob es der gleiche Sadhu war, der mich zum Sadhana-Stein gebracht hatte, oder der heilige Mann, der mir das Leben gerettet hatte, oder ob es ein ganz anderer Sadhu war.

»Warum bist du hier?« Eine tiefe, durchdringende Stimme hallte durch den Tunnel. Ich hatte nicht einmal gesehen, dass er die Lippen bewegte, und doch konnte nur der Sadhu diese Frage gestellt haben.

Ich betrat den ovalen Raum und schaute ihm in die Augen. Er nahm einen langen Zug aus seiner Tonpfeife und blies eine schlangenähnliche Rauchspirale in meine Richtung. Sein Blick war hypnotisierend, wie es von einem Sadhu ja zu erwarten war, er verwurzelte mich im Augenblick und stimmte mich auf das ein, was zwischen uns geschehen würde.

»Warum bist du hier?«, fragte er erneut, mit einer Eindringlichkeit, als würde ein Mafiaboss einen ungebetenen Gast verhören.

Warum bist du hier? Wer bist du? Was ist dein Ziel? Das sind schwierige Fragen. Als normale Menschen bekommen wir die Antworten darauf manchmal ein Leben lang nicht zu fassen und begraben daher die Fragen irgendwann. Doch dabei ist uns nicht klar, dass die Klärung dieser Fragen das notwendige Fundament unseres Bewusstseins bildet und dass ohne diese Antworten alle

Handlungen, Leistungen und Beziehungen in unserem Leben bedeutungslos und nichtssagend bleiben.

Es war noch zu früh, um die Frage nach dem Grund meines Hierseins zu beantworten. Erst musste ich herausfinden, wer ich eigentlich war.

»Warum bist du hier?« Jetzt wirkte der Sadhu gereizt. Er holte tiefer Luft und biss auf seinen Pfeifenstiel. Diesmal schnaubte er den Rauch durch die Nase aus, in zwei parallelen Rauchschlangen. Der Geruch verbreitete sich im ganzen Raum und brannte mir in den Augen.

»Ich …«, murmelte ich. Ich wusste nicht, was ich sagen sollte.

»Ich … ich war oben und habe mein Sadhana gemacht, aber dann kam dieses Erdbeben«, fing ich an. »Es führte dazu, dass der Stein, auf dem ich saß, in den Boden hineinsackte, und er hat mich den ganzen Weg bis nach hier unten mitgenommen. Dann habe ich das Licht gesehen, und jetzt bin ich hier.« Das war die einzige Erklärung, die mir einfiel, aber mir war durchaus bewusst, dass diese Antwort dem Sadhu nicht genügen würde, weil sie keinen spirituellen Bezug hatte. Diese Sadhus waren geheimnisvolle Wesen. Selbst wenn es so schien, als würden sie sich ganz normal mit einem unterhalten, konnte man nie sagen, welche tiefer liegende spirituelle Botschaft sie gerade vermittelten oder aber von ihrem Gesprächspartner erwarteten.

»Okay.« Er nahm meine Verwirrung zur Kenntnis. Mein Geplapper oder überhaupt meine Gegenwart schien ihn nicht zu interessieren.

Wir befanden uns dreißig Meter unter der Erdoberfläche. Das faszinierte mich nach wie vor. Und wir waren die beiden einzigen Menschen, die in diesem Tunnel gefangen waren. Aber dem Sadhu waren seine eigene Situation und meine eher störende Anwesenheit vollkommen schnuppe.

»Wer sind Sie?«, fragte ich. Ich überlegte, welche spirituelle Antwort ich wohl auf diese Frage erhalten würde.

»Ich bin der, der ich für dich sein soll.« Der Sadhu kreuzte die Beine zum Lotossitz, wandte sich mir zu und lächelte. Dann brach er in Gelächter aus, dabei wiegte er den Kopf hin und her.

Irgendetwas an seinem Gesicht und seiner Haltung kam mir sehr vertraut vor. Es war fast ein Gefühl, als würde ich einen Freund nicht wiedererkennen, weil er hundert Pfund abgenommen hatte. Ich ärgerte mich, weil ich den Sadhu nicht einordnen konnte.

Die beiden Zweige brannten immer weiter. Obwohl sie so dünn und zart aussahen, als müssten sie sich innerhalb weniger Minuten in Asche verwandeln, veränderten sie sich nicht. Das hier war nicht normal. Aber was war an meiner Pilgerreise bisher schon normal gewesen?

»Wer soll ich für dich sein?«, unterbrach der Sadhu meinen Gedankengang.

Meine Gedanken kamen zum Stillstand. Allmählich verstand ich die Sadhus und ihr merkwürdiges Verhalten. Auch dieser heilige Mann war nicht neugierig darauf, wer ich war, obwohl ich ganz ähnlich aussah wie er: wie ein Sadhu. Es kümmerte ihn nicht einmal, wo ich herkam oder wie ich hierhergelangt war. Stattdessen fragte er mich, wer er für mich sein sollte.

»Ich möchte, dass Sie der sind, der mich hier rausbringt«, platzte es aus mir heraus. Wenn er nach einer tieferen Bedeutung suchte, wenn es das war, wonach alle Sadhus suchten, dann übertrug ich ihm eine sehr hohe Verantwortung.

Blitzartig richtete der Sadhu sich auf. Er legte seine Tonpfeife neben das kleine Feuer und stieß prustend den letzten Rauch aus seinen Lungen.

»Setz dich!«, befahl er.

Wenn ich nicht bereits zwei Sadhus kennengelernt hätte, hätte ich nicht gewusst, wie ich mit diesem Mann umgehen sollte. Er wirkte rätselhaft – seine Haltung und der Klang seiner Stimme übten einen Zauber auf mich aus. Sein körperlicher Zustand glich dem meinen – sein Fleisch hatte sich in die Knochen zurückgezogen, die nur noch straff mit Haut überzogen waren, und sein Knoten saß genau an der gleichen Stelle wie meiner. Nebeneinander hätten wir wie Brüder ausgesehen. Er war mager und klang launisch, aber er hatte etwas sehr Gewinnendes. Und obendrein wirkte er immer noch so vertraut. Er war nicht wie die anderen beiden Sadhus, doch er kam mir vertraut vor. Woher kannte ich ihn bloß?

»Setz dich!« Er wiederholte seine Aufforderung.

Als ich mich ihm gegenüber niedergelassen hatte, spürte ich, wie eine merkwürdige Euphorie in mir aufstieg. Es musste an den Dämpfen liegen, die aus den Tunnelwänden austraten. Doch noch mysteriöser fand ich die ganze Sache, als mir auffiel, dass der Sadhu keinen Schatten warf. Mein eigener Schatten war hinter mir zu sehen, wie es sich gehörte, seiner jedoch fehlte. Dabei hatte ich doch, noch bevor ich den Sadhu selbst gesehen hatte, seinen Schatten auf der Tunnelwand entdeckt. Aber jetzt war er nicht mehr da.

Es war fast, als existierte der Sadhu nur in meiner eigenen Realität.

»Wo soll ich dir denn heraushelfen?« Er legte den Kopf schräg und betrachtete mich wieder so eindringlich, dass ich dieses Mal gezwungen war nachzudenken, bevor ich den Mund zu einer Antwort öffnete.

Wenn ich aus den drei Prüfungsaufgaben, die der andere Sadhu mir gestellt hatte, etwas gelernt hatte, dann war es dies: Wenn man die Bedeutung und den Sinn des Lebens sucht, muss man unter die Oberfläche der Dinge und der Ereignisse schauen, denn sie sind nicht das, was sie von außen gesehen zu sein scheinen. Manchmal muss man tief graben, um ihre eigentliche Bedeutung zu finden, und dabei muss man immer nach der Wahrheit verlangen, nach der Wahrheit über einen selbst und über das Leben.

»Ich möchte, dass Sie mich aus dem Chaos herausholen, das ich in meinem Leben angerichtet habe«, bat ich ganz spezifisch und direkt. Vor wenigen Stunden noch hätte ich darum gebeten, aus diesem Tunnel heraus und nach Hause gebracht zu werden, in mein normales Leben zurück. Aber jetzt wollte ich nicht mehr in meinen früheren

Alltag zurückkehren. Ich hatte es satt, der Mann zu sein, der ich gewesen war.

Über diese Antwort war der Sadhu eindeutig überrascht. Er machte ein Gesicht, als hätte ich ihn um das Vergnügen gebracht, mir als Gegenleistung für die Freiheit, um die ich ihn bitten würde, einige Prüfungsaufgaben zu stellen. Er wirkte ernst, als er nach seiner Tonpfeife griff und wieder einen langen Zug nahm. Dann blickte er mir eine ganze Weile schweigend in die Augen, so als mache er einen Datentransfer, um herauszubekommen, was ich mit meinem Leben angestellt hatte.

»Mein Leben ist ein einziges Chaos«, sagte ich. »Mit meiner Karriere geht es bergab. Meine Familie ist zerbrochen. Ich weiß nicht, welchen Sinn mein Leben hat. Auf spiritueller Ebene kann ich nicht erkennen, wer ich bin. Meine Freunde …«

»Ach, hör auf zu jammern. Verschone mich mit diesem Unsinn. Verschmutze meinen Raum nicht mit deinem Unwissen.« Der Sadhu schnippte die Flammen in meine Richtung, und sie wüteten wie der Atem eines Drachen und versengten mir fast den Arm.

»Autsch!«, heulte ich.

»Ach, mein Leben ist ein Chaos. Ach, ich weiß nicht, welchen Sinn es hat. Ach je, ach je.« Mit den Händen wedelnd äffte er meine Verzweiflung nach. »Hörst du dich eigentlich selbst?«, höhnte er.

»Ich möchte, dass Sie mich hier rausholen, dass Sie mich aus dem Chaos rausholen, das ich in meinem Leben angerichtet habe.« Ich wiederholte meine Bitte. Er hatte mich gefragt, wer er für mich sein sollte, und nun äußerte ich meinen Wunsch. Ich war zu ihm geführt worden. Mein Stein, mein Sadhana-Stein, hatte mich hergebracht. Ich war aus einem bestimmten Grund hier – und mir schien, dass dieser Sadhu für mich hier war. Die ganze Zeit hatte ich keine Ahnung gehabt, was das Zusammensein mit Chandu und dem anderen Sadhu bedeutete und was in meinem Leben vor sich ging. Aber die Prüfungen hatten mir das Wissen vermittelt, dass jeder Ort, an dem ich mich gerade befand, mir eine Möglichkeit zur Weiterentwicklung bot. Dieser Sadhu saß hier vor mir. Er diente seinem Ziel, das, wie ich in diesem Moment entschied, darin bestand, meinem Ziel zu dienen. Warum wäre ich sonst hergekommen? Warum sonst hätte er sich in meinem Raum befunden?

»Ich zeige dir den Weg da heraus. Ob du ihn einschlägst oder nicht, ist deine Sache.« Er streckte seine bloßen Beine noch weiter aus. Sie waren blau, und im Schein der Flammen, die zwischen den Zweigen tanzten, glänzten sie erst in grauen, dann in orangen Farbtönen.

Ja, dachte ich. Da war jedenfalls etwas mit seinen Augen. Wieder war ich abgelenkt. Sie waren mir vertraut. Sie erinnerten mich an jemanden, aber ich kam einfach nicht darauf, an wen.

»Ich verstehe«, murmelte ich, während ich mir weiter den Kopf zerbrach.

»Ich möchte dir etwas zeigen.« Der Sadhu sprang auf

und näherte sich der Wand, auf die er bis jetzt gestarrt hatte.

»Kannst du das sehen?« Er zeigte auf die Tunnelwand.

Klar konnte ich die Wand sehen. Aber worauf wollte er hinaus?

»Siehst du den Mann da?« Der Sadhu zeigte wieder auf die Wand und stemmte dann die Hände in die Hüften.

An der Wand, auf die er zeigte, war kein Mann zu sehen. Ich fragte mich, ob der Sadhu vielleicht von irgendetwas, was er da in seiner Pfeife rauchte, high war.

»Ja«, antwortete ich. Da war kein Mann an der Wand, aber wenn der Sadhu einen Mann sehen konnte, konnte ich ihn auch sehen. Ich wusste nicht einmal, wo genau dieser Mann sein sollte, aber im Geiste sah ich ihn. Jetzt stand er an der Stelle, auf die der Sadhu gerade zeigte.

»Sieh ihn dir an, wie glücklich und zufrieden er seine Ernte einbringt. Schau dir die Garben an, die er aufgestapelt hat. Er hatte eine gute Ernte. Siehst du das?«, fragte der Sadhu.

Selbstverständlich sah ich das. Da war kein Mann, und da war auch kein Kornfeld. Aber als der Sadhu ihn und das Feld beschrieb, hatte ich beides vor Augen. Ich sah den Mann, seine Ernte und sogar seine Zufriedenheit. Als Leser hatte ich schon in diversen Realitäten gelebt und viele Abenteuer bestanden. In meiner Vorstellung hatte ich immer sehen können, was die Autoren beschrieben.

»Was der Mensch sät, das wird er ernten. Aber da endet das Spiel nicht. Was du erntest, wird wiederum Einfluss auf deine Zukunft haben, auf dein Schicksal«, fuhr der Sadhu fort. Er setzte sich wieder und griff nach seiner Pfeife.

»Wenn du Korn säst, wirst du Getreide ernten. Wenn du Hanf säst, wirst du Marihuana ernten. Und diese Ernte, diese Folge der Aussaat, wird sich auf dein Leben auswirken, und zwar in einer Weise, die du dir vorher nicht ausmalen kannst. Du kannst Samen für eine strahlende Zukunft säen, und du kannst Samen für deinen Untergang säen. Beide werden dir eine Ernte einbringen, die deinen Lebenslauf verändern wird.

Das Leben ist vorhersehbar. Jenseits deiner karmischen Verstrickungen wird es dich nicht überraschen. Der Landwirt erntet sein Getreide nicht zufällig. Er hat es ausgesät. Seine Ernte ist eine vorhersehbare Folge, und genauso ist es mit dem Leben.

Dein Leben ist das reine Chaos? Dann sitzt du hier und erntest Chaos, weil du ursprünglich chaotische Samen gesät hast! Siehst du den Mann da?« Jetzt zeigte der Sadhu auf mich. »Kannst du ihn sehen? Siehst du, dass er in einem fürchterlichen Zustand ist? Kannst du erkennen, welche Samen er ausgesät hat?«

Ich kriegte den Mund nicht mehr zu. Ich hatte Chaos gesät, und genau das erntete ich nun. So einfach war das. Das war die Wahrheit, die ganze Wahrheit.

Die alleinige Wahrheit.

Maya hatte mich verlassen, weil ich in meiner Ehe Samen der Unsicherheit gesät hatte. Seit wir uns kennengelernt hatten, hatte ich mich ihr immer unterlegen gefühlt. Sie war schön, klug, intelligent und stark. Eine Frau wie sie hatte ich noch nie getroffen. Sie besaß Ausstrahlung. Ich liebte sie von ganzem Herzen, aber irgendwie fühlte ich mich von ihr eingeschüchtert, ohne das erklären zu können. Daher manipulierte ich sie oft, bis sie mit sich selbst unzufrieden war. Anerkennung bekam sie von mir nur selten, aber ich hatte häufig etwas an ihr auszusetzen, unter dem Vorwand, dass ich ihr helfen wollte, besser zu werden. Ich wollte, dass Maya ganz bald Babys bekam, nicht weil ich Kinder liebte, sondern weil ich meine Frau einschließen wollte. Ich beschuldigte sie zu Unrecht, der Familie nicht genügend Zeit zu widmen, obwohl sie eine großartige Mutter war und versuchte, unsere beiden Töchter für meine häufige Abwesenheit zu entschädigen.

Ich war es gewesen – ich selbst hatte die Samen der Unsicherheit, der Manipulation und der Unaufrichtigkeit gesät. Und was erntete ich jetzt? Eine zerbrochene Familie! Das war die folgerichtige Konsequenz meiner Handlungen. Merkwürdig an alldem war nur, dass ich vergessen hatte, dass ich die Samen der Negativität ausgesät hatte, und stattdessen Maya die Schuld an den Folgen gegeben hatte.

Meine berufliche Laufbahn war zum Stillstand gekommen. Als leitender Mitarbeiter hatte ich nicht die Fortschritte gemacht, die man von mir erwartet hatte. Meine Arbeit hatte mir nicht mehr gedient, sondern mir Stress, Frustration und Konfusion beschert, die an mir hafteten, wohin ich auch ging. Sie lauerten ständig im Hinterkopf, beeinträchtigten meine Entscheidungen und zehrten an meinen Kräften. Mein Arbeitsleben war ein Scherbenhaufen.

Welche Samen hatte ich während meiner Karriere gesät, dass ich jetzt in dieser Ernte aus Bitterkeit und Groll gefangen war?

Zu Beginn hatte ich, was meine Begabung, meine Ausbildung und meine Fähigkeiten anging, gelogen. Das Bild, das ich von mir gezeichnet hatte, war viel großartiger gewesen als ich selbst. Daraufhin hatte ich zwar den Job bekommen, aber ich war nicht dafür gerüstet gewesen, ihm gerecht zu werden. Um meine Unzulänglichkeiten zu verbergen und die Aufmerksamkeit von mir abzulenken, gab ich anderen die Schuld und hielt sie klein. Diese Strategie funktionierte zwar recht gut, leistete mir selbst aber keine guten Dienste. Ich trieb andere zu größeren Leistungen an, damit ich selbst gut dastand. Die Mitarbeiter erwarteten von mir, dass ich sie anleitete, und ich machte ihnen Druck, damit sie gute Leistungen brachten, ohne ihnen aber in Bezug auf das Engagement, das ich von ihnen verlangte, ein gutes Vorbild zu sein. Menschen zu führen war nichts für mich, denn ich hatte es allzu oft versäumt, selbst das Richtige zu tun. Meine mangelnde Begabung machte ich wett, indem ich mich mit fremden Federn schmückte. Auf diese Weise hatte ich vieles bekommen und erreicht, was ich nicht verdient hatte. Doch ich hatte kein schlechtes Gewissen, weil ich anderen die Schau stahl oder weil ich denen, die eigentlich für ihre gute Arbeit hätten belohnt werden müssen, nicht weiterhalf. Es gab zwar auch einige wenige Dinge, die ich richtig machte, aber meine Fehler führten dazu, dass ich mich über meine spärlichen Erfolge nicht freuen konnte. Es war schrecklich. Wirklich schrecklich.

Ich konnte auf meinem Feld nur Verzweiflung und Niederlagen ernten, denn ich hatte die Samen der Unaufrichtigkeit gesät und sie mit Betrug und Tricksereien weiter gehegt und gepflegt. Was hatte ich nur angerichtet?

Ich hatte mich die ganze Zeit selbst belogen. Doch die Menschen in meiner Umgebung schienen mich zu durchschauen. Sie erkannten, dass ich es mit der Wahrheit nicht allzu genau nahm oder, noch schlimmer, sie betrog. Mein unaufrichtiges Verhalten hatte mir nie geholfen, ich hatte damit nie Probleme lösen können, und trotzdem hatte ich bisher nicht kapiert, dass diese Lebenseinstellung mich zerstörte.

Wie hatte ich nur so dumm sein können? Wie war ich auf die Idee gekommen, dass ich meine Zukunft auf Unehrlichkeit und Verantwortungslosigkeit aufbauen könnte? Dass der Weg nach oben nur möglich war, wenn ich die anderen unten hielt? Und warum hatte mir niemand gesagt, dass ich den falschen Weg eingeschlagen hatte? Oder hatte ich derartige Warnungen einfach in den Wind geschlagen? Warum hatten die anderen mich im Stich gelassen? Oder war ich es gewesen, der sie vertrieben hatte? Warum hatte mich niemand aus dieser Sackgasse herausgeführt? Oder hatte ich mich zu sehr abgeschottet, um Hilfe annehmen zu können?

»Hier«, sagte der Sadhu. Er stand jetzt in voller Größe neben mir, nahm meine Hand und legte ein paar schwarze Samenkörner hinein. Sie fühlten sich ein wenig schleimig an und waren schwer, so als bestünden sie aus vermodertem schwarzem Fleisch.

»Das sind die Samen von Unglück, Stress, Krankheit und Schmerz. Hier, nimm sie. Bewahre sie gut auf und säe sie ganz nach deinen Wünschen aus. Jeder Same, den du säst, wird dir reiche Ernte einbringen. Die Natur schenkt dir für einen ausgesäten Samen nicht bloß einen einzigen neuen Samen. Und auch das Karma vergilt nicht ein Auge mit einem einzigen anderen Auge. Nein, die Natur schenkt dir für jeden Samen, den du säst, überreichliche Ernte. Und das Karma nimmt dir für jedes Auge, das du einem anderen genommen hast, dein Herz, deine Lungen, dein Hirn, deine Leber und deine Nieren. Die Natur arbeitet nach dem Gesetz des Überflusses. Und das hast du zu spüren bekommen. Nimm diese Samen und säe sie aus, und du wirst einen Albtraum ernten und erfahren, wie dein Leben sich in eine Horrorgeschichte verwandelt, so schrecklich, wie du es dir niemals hättest ausmalen können.« Bei diesen letzten furchtbaren Worten schloss der Sadhu meine Hand um die mörderischen Samen.

»Nein!«, kreischte ich.

Der Sadhu lachte und begann dann, unverständliche Mantras zu chanten.

»Nein! Das werde ich niemals tun!« Meine Hände zitterten. Wie gern hätte ich die Samen sofort weggeworfen. Aber ich hielt sie fest, denn ich wusste nicht, was sie heraufbeschwören würden, wenn sie auf den Boden fielen.

»Ich werde sie nicht aussäen. Ich werde niemals mehr Dreckszeug aussäen. Ich werde nie wieder etwas säen, das für mich und für andere nicht optimal ist. Ich habe in meinem Leben versagt. Und ich habe den Preis dafür bezahlt. Das erkenne ich jetzt. Jetzt sehe ich auch, dass allem Schlechten, das sich in meinem Leben manifestiert hat, meine eigenen schlechten Absichten und Handlungen zugrunde lagen. Ich kann niemandem sonst Vorwürfe machen. Niemand anders hatte Schuld daran. Es war allein mein Werk. Mein Leben, meine Lebensumstände, sie sind meine Ernte. Ich verbrenne das jetzt alles, ich gebe alles ab. Ich fange noch einmal neu an.« Ich zitterte, und meine Worte kamen aus tiefster Seele, aus einem Verstehen, dessen ich mir erst jetzt, nach dieser Läuterung, bewusst wurde.

Ich ballte eine Faust, beugte mich über das kleine Feuer und ließ die Samen hineinfallen. Knisternd zersprangen sie. Ihr Verpuffen klang wie leises Geheul, als würde ein Dämon vernichtet, und zum Schluss blieb nur ein wenig Asche unter den Flammen liegen. Diese Samen würde ich in meinem Leben nie wieder säen!

»Nie wieder!« Meine eigene Reaktion erschütterte mich so sehr, dass ich mich hinsetzen musste. Aber ich ließ mich nicht beirren. Ich beobachtete, wie die Flammen zuckten und loderten. Das Bild des Mannes an der Wand hatte sich für immer in mein Herz eingeprägt. Ich würde die Samen der Glücks und der Freude, der Ehrlichkeit, der Anerkennung und der Ermutigung aussäen. Verdammt, mit allem, was ich tun würde, würde ich Gutes säen.

»Aber«, sagte ich laut.

Der Sadhu betrachtete weiterhin die Wand, als beobachtete er einen Landwirt bei der Arbeit.

»Sie sind alle gute Menschen«, sagte er, ohne mich zu beachten.

»Sie sind gute Menschen«, wiederholte er und blies Rauch aus. »Aber sie säen unterschiedliche Samen und ernten daher unterschiedliche Schicksale. Die Konsequenzen ihrer Aussaat formen die Menschen, definieren sie und führen sie ihrer Bestimmung zu. Ein einziger Same kann ein Leben von Grund auf verändern.«

»Ich werde nie wieder etwas Unrechtes tun«, erklärte ich. »Ich werde niemals einen zerstörerischen Samen säen, auch nicht in Gedanken. Aber das ändert nichts an meiner jetzigen Situation. Mich schmerzt, dass ich in meiner einflussreichen Position in meiner Firma Menschen, die mir ihre Zukunft anvertraut haben, enttäuscht habe. Ich kann jetzt zwar sehen, wo ich in die Irre gegangen bin, aber das ändert nichts daran, dass ich auf dem Grab meines eigenen Werkes stehe. Meine Einsicht bringt mir weder meine Familie zurück, noch verändert sie mein bisheriges Leben oder mein Karma. Die Zerstörung, die mich umgibt, ist real. Ich bin untröstlich, weil ich Menschen verletzt und verloren habe, die ich aufrichtig geliebt habe und die mich auch geliebt haben.« Ich war außer mir. Endlich verstand ich alles, aber es war zu spät.

»Ich möchte dir etwas zeigen.« Der Sadhu ging zur Tunnelwand hinüber.

»Siehst du das?« Er zeigte wieder auf die feuchte Felswand. Ich sah, dass Wasser daran heruntertröpfelte. Das Licht des Feuers fing sich ab und zu in der Dunstschwade über dem Rinnsal, und erneut stach mir der merkwürdige Geruch in die Nase.

»Ja«, sagte ich. Ich war bereit, alles zu sehen, was der Sadhu sehen konnte.

»Siehst du diese gigantische Baumgruppe? Erkennst du, dass ihre Wurzeln über den Erdboden wachsen?« Der Sadhu schaute auf die Wand, als wäre sie ein Fenster mit Ausblick auf einen dichten Wald und auf die Baumgruppe, die er mir zeigte.

»Die Bäume heißen Sha'aki, was bedeutet: der, der vergessen hat. Es sind Bäume, die ihr wahres Wesen vergessen haben. Ihre Wurzeln wachsen nicht in die Erde hinein, sondern sie schlängeln sich oberirdisch über den Boden und suchen dort nach Nahrung. Meistens finden sie nichts und leben nur von Sonnenlicht, manchmal verzehren sie sich sogar gegenseitig. Diese Bäume tragen keine Früchte, und nie nisten Vögel in ihren Kronen. Wenn ein Herbst ihnen stark zusetzt, brauchen sie viele Jahre, um sich davon zu erholen. Bäume von dieser Größe und mit diesem Potenzial könnten eigentlich ewig leben, aber ihre Fehlentwicklung wird der ganzen Art zum Verhängnis«, erklärte der Sadhu.

Ich schob mich dichter an ihn heran. Was mochten das für Bäume sein? Sha'aki. Ich konnte mir riesengroße Bäume vorstellen, die mächtige Stämme besaßen und deren grünbraune, seilartige Wurzeln sich auf der Suche nach Nahrung wie fleischfressende Tiere ausbreiteten. Ihre Wurzeln verfingen sich in den Wurzeln der Nachbarbäume, umschlangen sie und ernährten sich sogar von ihnen. Ich konnte mir vorstellen, dass sich diese Wurzeln wie zu einem Netz verknoteten. Schon ein leichter Sturm konnte alle diese Bäume mit ihrem oberirdischen Wurzelwerk umreißen und damit ihr Ende bedeuten.

»Diese Bäume leiden alle. Und ihre Umwelt leidet auch. Die Wurzel des Problems liegt darin, dass sie ihre wahre Identität vergessen haben. Sie haben vergessen, wer sie sind, sie haben das ihnen von Natur aus innewohnende Wissen vergessen, und dieser Gedächtnisverlust hat sie von ihrem Ziel fortgeführt. Statt ihre Wurzeln tief in die Erde wachsen zu lassen, suchen sie ihre Nahrung räuberisch an der Oberfläche und töten dabei ihre Artgenossen und sich selbst. Dabei stehen ihnen Nahrung, Wachstum und Stabilität zur Verfügung, sie müssten lediglich ihre Wurzeln in den Boden wachsen lassen.

Jetzt stell dir mal vor«, fuhr der Sadhu fort und wandte sich mir mit strahlendem Gesicht zu. »Stell dir mal vor, der Baum da drüben«, er deutete in die Mitte, »der Baum da im Zentrum erinnert sich daran, wer er ist. Er erinnert sich an sein wahres Wesen und an sein Ziel. Stell dir mal vor, dieser Baum zieht seine Wurzeln zum Stamm zurück und senkt sie dort in die Erde, dahin, wo Überfluss herrscht, wo seine Berufung liegt. Was wäre, wenn dieser eine Baum das täte?«, fragte der Sadhu.

Vor meinem geistigen Auge entstand das Bild von eben diesem Baum in der Mitte, der seine Wurzeln zum Stamm zurückzog. Dabei lösten sich die Verstrickungen mit den anderen, und das Übel, das durch sein Vergessen entstanden war, verschwand. Die Umgebung dieses Baumes wurde freier, denn nun ließ er seine Wurzeln alle in den Erdboden wachsen. Je tiefer sie gelangten, desto mehr Stabilität, Nahrung und Aussichten auf ein besseres Leben fanden sie.

Bald strahlte der Baum in der Mitte Gesundheit, Glück und Erhabenheit aus. Er begann, Früchte zu tragen, und die Vögel fanden in ihm ein neues Zuhause. Aber etwas Weiteres kam hinzu: Sein vorbildliches Handeln löste in den Bäumen ringsherum eine Reaktion aus.

Das Chaos lichtete sich. Die Fesseln der Verirrung fielen ab. Als die Fläche um den Baum in der Mitte herum frei wurde, wurden auch die Flächen um die anderen Bäume frei. Die Bäume ringsherum erlebten mit, wie der Baum in der Mitte gedieh, wie er Früchte trug und die Fülle des Lebens genoss. Sie sahen, wie die Vögel ihre Nester bauten, und hörten ihre fröhlichen Lieder. Die Stabilität des Baumes fiel ihnen auf und sein stetiges Wachstum, und das wünschten sie sich auch für sich selbst. Und so zogen auch sie allmählich ihr Wurzelwerk zurück und taten es dem

Baum im Zentrum gleich, indem sie ihre Wurzeln tief in die Erde senkten. Einer machte es dem anderen nach, und bald war die gesamte Fläche von dem Wirrwarr aus Wurzelwerk befreit.

Jetzt herrschte eine neue Ordnung – eine Ordnung im Einklang mit den Naturgesetzen. Diese Gesetze besagen nämlich, dass das eigene Sein das der anderen beeinflusst. Wenn ein Mann einen Irrweg geht, nimmt er seiner Familie das Zuhause, zerstört eine Firma und vernichtet eine ganze Nation, weil die anderen sich von ihm mitreißen lassen und mitspielen.

Wer jeweils mit diesem Wahnsinn beginnt, ist gleichgültig, in jedem Fall aber sind viele davon betroffen. Allerdings kann jeder Betroffene sich gegen solche Vorgänge zur Wehr setzen und sie beenden.

»Wenn du dein Fehlverhalten einstellst und aus deiner wahren Identität heraus handelst, beeinflusst du die Menschen in deiner Umgebung. Nach und nach werden sie sich im Einklang mit deiner eigenen Wandlung verändern. Wird das morgen schon geschehen? Vielleicht nicht. Aber wenn du das Richtige tust und dann die richtigen Ergebnisse erntest, wird der Beifall nicht lange auf sich warten lassen. Die Menschen werden zu dir zurückkehren, und die Ordnung wird wiederhergestellt.« Lächelnd spielte der Sadhu mit seiner Pfeife.

Mir stockte der Atem. Mein Herz wurde weit. Ich konnte also das Richtige tun. Und ich würde das Richtige tun. Und damit würde ich mir endlich das Leben schaffen, das ich mir immer gewünscht hatte. Ich hatte meine Wurzeln zu mir zurückgezogen und sah meine Richtung klar vor mir. Wenn ich in meiner eigenen Umgebung aufräumte, würde dies auch Mayas Umgebung wieder in Ordnung bringen. Mein heilloses Durcheinander hatte auch sie beeinträchtigt. Und auf meine Kollegen und Mitarbeiter hatte es sich ebenfalls negativ ausgewirkt. Auch sie würden die neue Ordnung spüren, sie würden sich von meiner Verwandlung anstecken lassen und hoffentlich wieder ein Teil meines Lebens werden. Ich würde ihnen ganz bestimmt gute Dienste leisten. Ich würde mir ihre erneute Nähe erst verdienen müssen, aber ich wollte dafür arbeiten, so wie ein Landwirt für seine Ernte arbeiten muss.

Dieser Sadhu war genau die Person für mich gewesen, die ich gebraucht hatte. Mein Retter. Er hatte getan, was ich mir von ihm gewünscht hatte: Er hatte mir geholfen, dem Chaos zu entkommen, das ich in meinem Leben angerichtet hatte. Jetzt sah ich kcin Chaos mchr, sondern vor mir lag ein Leben voller Möglichkeiten, ein Leben meiner Wahl. Ich würde die guten Samen aussäen und mir ein wunderbares Leben aufbauen.

Dic Flammen begannen wütend zu flackern, und plötzlich tanzten mehrere Schatten des Sadhus auf den Wänden. Erschrocken sah ich ihn an. Er lächelte. Es war das Lächeln, das sich auf dem Gesicht ausbreitet, wenn man eine Arbeit gut gemacht hat.

»Arjun!« Die Stimme ertönte vom anderen Ende des Tunnels. Wir drehten uns gleichzeitig danach um.

»Ich muss los«, sagte der Sadhu eilig. »Das war mein letzter Aufruf.«

»Wie bitte?« Sein letzter Aufruf? Was bedeutete das?

»Wer bist du?«, fragte ich.

»Ich bin du.« Er lächelte mir noch kurz zu, bevor er rasch in Richtung Tunnelbiegung ging. Die Flammen spuckten Funken und fielen dann in sich zusammen. Um mich herum wurde es wieder pechschwarze Nacht.

»»» «««

»Arjun!« Das Echo der Stimme hallte von den Tunnelwänden wider, es hörte sich an wie ein Klangspiel im Sturm, ein warnendes Läuten, das Aufmerksamkeit verlangte.

Der Untergrund begann zu beben, und der Druck wurde wieder so stark, dass mein Körper zusammenbrach. Ich schleppte mich durch den Tunnel und kroch schließlich auf allen vieren zum Stein zurück. Die Tunnelwände kamen auf mich zu, und das Dach begann einzustürzen. Felsbrocken regneten auf mich herab. Ich spürte, wie die Wände immer näher rückten, bis sie mich zu zerquetschen drohten. Ich konnte nicht mehr weiter, war eingeklemmt, und der Tunnel stürzte ein. Ich hörte meine Knochen krachen, und mein Atem steckte in den Lungen fest.

Da holte ich plötzlich tief Luft und öffnete die Augen.

»»» «««

Hinter den Berggipfeln ging die Sonne auf. Der Himmel war klar, wie eine offene Tür, die in die Ewigkeit einlud. Über mir schwebte träge ein Adler und sonnte sich in seiner Freiheit. Und dann fiel mein Blick auf eine Frau, die zu meinen Füßen saß. Ich blinzelte und betrachtete sie genau. Sie musste etwa Anfang dreißig sein, und ich hatte hier in den Bergen bisher nichts Schöneres gesehen. Zu ihren schwarzen Hosen trug sie einen dicken weißen Pelzmantel, und ihr Haar flog im Wind.

Ich war fassungslos.

»Und was ist dann passiert?«, fragte sie. Vor Neugier und Faszination hatte sie die mandelförmigen Augen weit geöffnet.

»Was ist dann passiert?«, wiederholte sie, als hätte sie mein Sadhana, meine Reise, genau verfolgt.

Was war wann passiert? Wovon redete sie? Entweder konnte ich nachfragen oder aber ich konnte ihre Frage gleich beantworten. Ein Sadhu ist nie durcheinander. Ein Sadhu kennt die Frage, und er weiß auch die Antwort. Er kann sich entscheiden, nicht das zu antworten, was man gerne hören möchte, aber er bringt einen mit Sicherheit dazu, das zu lernen, was man lernen soll.

»Ich war es selbst, den ich da getroffen habe«, sagte ich. Anfangs war meine Stimme noch rau und tief, aber dann wurde sie allmählich wieder normal. Kein Wunder, dass der Sadhu mir bekannt vorgekommen war. Kein Wunder, dass er sich angehört hatte wie jemand, den ich kannte.

Er war ich gewesen.

Deswegen war ich hergekommen – um mich selbst zu finden. Die Prüfungen hatten mich auf diese Begegnung vorbereitet, und mein Sadhana hatte dann den Schleier gelüftet, hinter dem ich mich versteckt hatte.

»Ich war es selbst. Ich bin hergekommen, um mich zu finden, um meine innere Stimme, mein Gewissen, mein wahres Selbst zu finden – mein gutes Selbst. Ich habe die ganze Zeit nach mir selbst gerufen. Ich hatte mich verloren, ich war nicht mehr im Einklang mit meiner Rechtschaffenheit. Ich war der Baum, der vergessen hatte. Ich bin hergekommen, um mich daran zu erinnern, wer ich wirklich bin. Ich habe mich hierhergeführt, damit ich wieder ich selbst sein kann. Ich hatte mich so gründlich verloren, dass ich mich kaum noch wiedererkannte. Ja, ich war es selbst. Ich war der Sadhu.« Diese Erkenntnis, meine Selbsterkenntnis und meine neue Selbstbestimmtheit ließen mir die Tränen aus den Augen strömen. Und der Tränenfluss spülte nach und nach den bläulichen Farbton meines Körpers fort.

Der Sadhu, den ich während meines Sadhanas getroffen hatte, war mein eigenes höheres Selbst, das allwissende Selbst. Ich hatte es nicht mehr beachtet, sondern hatte mich ständig ablenken lassen und kein Interesse daran gehabt, die volle Verantwortung für mein Leben zu übernehmen. Ich hatte alle Lösungen für meine Probleme gekannt, aber ich hatte mein eigenes wahres Sein verleugnet – als hätte ich meine eigene Größe, meinen göttlichen Ursprung, ins Exil geschickt oder tief in der Erde vergraben. Ich hatte gewusst, dass ich größeres Potenzial besaß und dass ich dieses Potenzial nicht lebte und mit meinem eigentlichen Selbst nicht verbunden war.

Jetzt hatte ich die Lehren aus den drei Prüfungen und die Erkenntnisse aus meinem Sadhana verinnerlicht. Genau diese Erfahrungen hatte ich gebraucht, um Ordnung in meinem Leben schaffen zu können, und meinem verantwortungsvollen, erwachten Ich würde das gelingen. Gab es etwas, was ich nicht fertigbringen würde? Ein Problem, das ich nicht zu lösen vermochte? Etwas, das ich nicht erschaffen konnte? Nichts schien unmöglich, und nichts schien unerreichbar zu sein.

Als ich mich auf den Stein stellte, durchströmte eine Welle der Kraft meinen Körper. Ein unerschütterliches, unbeirrbares Selbstvertrauen erfüllte mich. Ich hatte keine Angst mehr, war nicht mehr durcheinander und zweifelte auch nicht mehr. Ich hatte mein Schicksal selbst in der Hand, und ich freute mich auf den Rest meines Lebens.

»Ich habe die guten Samen.« Die Frau war mit mir zusammen aufgestanden. Sie streckte die Hand aus, entfaltete ein weißes Taschentuch und zeigte mir sechs grüne Samenkörner. »Die habe ich gesammelt, während du gesprochen hast. Ich werde sie immer bei mir tragen und aussäen, wo ich auch hingehe.« Sie lächelte.

Woher wusste sie von den guten Samen? Ich war erstaunt.

»Wenn du fortgehst, darf ich dann hier in Kontemplation sitzen? Vielleicht tut es mir gut. Ich habe zugehört, als du gesagt hast, wie viel Gutes es dir gebracht hat.« Sie legte bittend die Hände zusammen, während sie mich um Erlaubnis fragte.

»Du hast mich gehört?«

»Ja, ich konnte dich hören, als würde uns eine Seelenverwandtschaft verbinden. Ich habe dich auf meinem Weg hier hinauf gesehen und war neugierig. Als ich mich dir näherte, fühlte ich mich gefangen, so, als würdest du mich in deinem Raum festhalten. Ich konnte nicht weitergehen. Ich konnte mich gar nicht mehr bewegen. Zuerst habe ich mich gefürchtet. Aber dann konnte ich dich hören, in meinem Herzen. Es waren keine Worte, sondern ich spürte die Schwingung, die Energie, die von dir ausging. Durchaus möglich, dass ich mir das alles bloß eingebildet habe, aber jedenfalls fühle ich mich jetzt beschwingt und irgendwie befreit. Ich bin inspiriert und begeistert«, bekannte sie.

Ich lächelte. Hier hatte ich eine hoch entwickelte Seele vor mir. Wenn sie einen Sadhu in seinem Sadhana hören konnte, dann brauchte sie keine spirituellen Übungen und auch keine Prüfungen mehr zu machen. Sie war bereits mit ihrem höheren Selbst verbunden.

Ich verließ den Stein und bot ihr meinen Platz an. Sie setzte sich, breitete ihr Taschentuch mit den sechs guten Samen vor sich aus und schaute mir in die Augen. Das Haar wehte ihr ins Gesicht, und der Wind spielte in ihrem Pelzkragen. Diese Sadhvi war bestimmt die schönste von allen Sadhus und Sadhvis im ganzen Gebirge, und dazu auch noch am prächtigsten gekleidet. Bei diesem Gedanken musste ich lächeln.

Nach einigen Momenten spürte ich, dass sie mich nicht mehr ansah, obwohl ihre Augen noch direkt in meine blickten. Das Lächeln auf ihrem Gesicht erstarrte. Ihr Körper wurde blau, und ihr Fleisch zog sich rasch in die Knochen zurück. Ihre Atmung war auf ein Minimum reduziert, und nun schlossen sich ihre Augen langsam und sperrten sie in eine Welt ein, die sie gerade zu erschaffen begann. Ihre Haare tanzten weiter im Wind, und ich segnete sie im Stillen mit allem Guten, das es auf der Welt gab.

Ich schaute mich um. In dem felsigen Hang hinter mir zeigte sich ein kleiner Tunneleingang. Das deutete ich als Zeichen und trat ein.

Das violette Band

»Sahib.« Ich hörte Chandus Stimme nur ganz schwach. »Sahib!«

Er schüttelte mich, und ich öffnete kraftlos die Augen. Auf meiner Skibrille sah ich blutige Streifen, und ich spürte, dass mir etwas Warmes über die Wange rann. Chandu nahm mir die Brille behutsam ab. »Alles in Ordnung?«, fragte er besorgt, während er die Brille über ein Ohr seines Esels hängte.

Ich wälzte mich auf den Rücken und setzte mich mühsam auf. Ich sah die Stelle auf dem schmalen Weg, wo mein Esel gebremst und mich abgeworfen hatte, als er nach hinten ausgeschlagen hatte. Ich war ins Tal gestürzt. Ein Wunder, dass ich noch am Leben war.

Chandu strich mir eine grüne Paste ins Gesicht, um meine Wunden zu bedecken. »Das sorgt dafür, dass Ihr Gesicht bald besser aussieht.« Er klang wie ein Schönheitschirurg, der mir ein neues Aussehen verschaffen wollte.

Ich betrachtete die Berge und sah im Geiste den Sadhu, die Prüfungen und mein Sadhana. In einem einzigen Moment blitzte die ganze Geschichte vor meinem inneren Auge auf. Sie hatte sich wirklich abgespielt, das spürte ich. Ich war dort gewesen, an der Stelle, die die Berge heilig hielten, an dem Ort, der große Geister führt und heilt, sodass sie ihre vergessene Göttlichkeit wiedererlangen. Ich war absolut sicher, dass das alles wirklich geschehen war. Aber was machte ich dann hier? Ich war an den Ort zurückgekehrt, von dem ich aufgebrochen war. Es war, als hätte mein Sadhana in einer anderen Zeitzone stattgefunden, in einem parallelen Universum, außerhalb der Zeit, die wir kennen. Ich schaute auf meine Armbanduhr – seit ich den Flughafen verlassen hatte, waren erst wenige Stunden vergangen. Aber ich wusste, dass meine Reise länger gedauert hatte.

Chandu beschäftigte sich mit seinem Esel. Er schien kein Interesse daran zu haben, mir zu erklären, wie wir hierhergekommen waren. Und merkwürdigerweise hatte ich meinerseits auch kein Interesse an einer Erklärung. Ich wusste, dass Chandu mich hergeführt hatte. Bei diesem Gedanken musste ich lächeln.

Ich drehte mich zu ihm, um mich bei ihm zu bedanken, doch er leitete gerade mithilfe meiner Skibrille dem Esel Lichtblitze in die Augen. Das Tier iahte protestierend, und ich schüttelte lächelnd den Kopf.

Schweigend setzten wir unseren Weg fort. Mein Geist war ruhig, von Überflüssigem gereinigt – leer. Es gab keine

Fragen mehr, keine Zweifel und keine Sorgen. Ich fühlte mich wie ein spirituelles Wesen, wie eine Seele, die von Geist und Körper unabhängig ist. In mir spürte ich großes Wissen sowie das Gefühl, etwas abgeschlossen zu haben, und vor allem Freude. Wie lange ritten wir? Wie groß war die Entfernung, die wir zurücklegten? Aber Zeit und Entfernung, das alles schien keine Rolle zu spielen.

»Baba ki meherbani!«, rief eine Frau in meine Richtung. Eine ganze Gruppe von Pilgern zog singend nach Hemkund Sahib hinauf. Sie schauten in meine Richtung und sangen lauter und schickten mir Segenswünsche.

Chandus Esel trabte eilig weiter und überholte alle anderen Reiter. Er schien zu wissen, wo wir hinwollten. Ich lächelte.

Doch plötzlich verlor ich ihn in der Menge aus den Augen. »Warte, Chandu!«, rief ich. Es dauerte eine Weile, bis ich meine Skibrille wiederentdeckte, auf der Nase eines sehr sorglosen jungen Mannes, dem das alles ganz egal zu sein schien. »Warte doch!«, rief ich so laut, dass einige Pilger sich erschrocken zu mir umdrehten.

»Da sind Sie ja.« Chandu spuckte ein paar Blätter aus und lächelte mir freundlich zu. Ich nahm ihn am Arm, und unsere Esel gingen im Gleichschritt nebeneinander her.

»Können deine Kräuter tatsächlich Tote zum Leben erwecken?«, fragte ich zögernd. Schon allein die Frage klang lächerlich, aber da Chandu es selbst behauptet hatte, hatte ich beschlossen nachzuhaken.

»Ja, Sahib.« Chandu warf mir einen ernsten Blick zu.

Bei seiner Antwort überlief mich ein Schauder. Auf einmal beunruhigte mich die Ausstrahlung meines Begleiters. Wer war er wirklich?

»Wer bist du wirklich?«, fragte ich ihn. »Du bist nicht einfach ein gewöhnlicher Träger. Aber wer bist du dann?« Ich hielt seinen Arm ganz fest.

Chandu war auf meinem Weg zum Ziel sehr wichtig gewesen. Er hatte mich behütet. Er hatte mich aufgeheitert. Er hatte mich zu den Antworten geführt, die ich suchte. Er hatte mir nicht nur meinen Raum zugestanden, sondern auch meine Dummheit und meine Unwissenheit – und das alles hatte er getan, ohne sich einzumischen, ohne mich herabzusetzen oder mir unter die Nase zu reiben, dass ich im Unrecht war. Er hatte sich bereitgehalten, um mir zu dienen und zu helfen, falls ich ihn brauchen sollte.

»Wer bist du, Chandu?« Ich stieg von meinem Esel und fasste ihn wieder am Arm. Er war über diesen plötzlichen Ausbruch von Zuneigung sehr überrascht.

»Ich bin Chandu, Sahib.« Er schaute mich eindringlich an. »Ich bin ein Lauschender. Ich lausche der Welt. Ich horche auf Energie, die aus dem Gleichgewicht gerät. Ich horche, ob es irgendwo Unglück gibt. Ich horche, wo Veränderungen geschehen. Und wenn ich dann Verbindung zur Quelle einer solchen Unruhe aufnehme, wenn ich mich mit der Bereitschaft zur Veränderung verbinde, sende ich einen Ruf aus. Und dann warte ich. Ich warte darauf, dass diese Menschen ihrer inneren Führung folgen und in den Bergen eintreffen, damit ich ihnen helfen kann, ihren Lebenssinn zu erlauschen. Und wenn die betreffende Seele schließlich ihrer eigenen Stimme und der ihr innewohnenden Kraft lauscht, ist meine Aufgabe erledigt.«

Ich starrte Chandu an. Mir fiel die Kinnlade herunter, und ich hielt den Atem an. Plötzlich kam mir die Erkenntnis, dass er tatsächlich mehr war als ein Träger. Er selbst war die Seele des Gebirges. Die Wahrheit traf mich wie ein Blitzschlag. Ich wollte ihm zu Füßen fallen und mich entschuldigen, weil ich nicht fähig gewesen war zu erkennen, wer er wirklich war. »Es tut mir leid …«

»Dass Sie mich nicht erkannt haben, braucht Ihnen nicht leidzutun.« Chandu fiel mir ins Wort, bevor ich meine Entschuldigung zu Ende bringen konnte. »Ich habe mir meine Verkleidung ausgesucht. Sie diente Ihrer Reise. Ich bin nicht hier, um größer zu sein als Sie. Nein, ich bin hier, damit Sie über den Mann, für den Sie sich halten, hinauswachsen können. Ich bin nicht hier, um Sie mit meiner Weisheit oder meiner Lebensaufgabe abzulenken, sondern ich bin hier, damit Sie Ihre eigene Weisheit und Ihre Lebensaufgabe in sich selbst finden können. Ich bin nicht hier, um klüger zu wirken als Sie oder höher entwickelt, sondern ich bin hier, damit Sie endlich in sich selbst das wiederfinden können, was Ihnen verloren ging, als Sie darum wetteiferten, immer der Klügste und der Beste zu sein. Dass ich der Träger Chandu bin, ist meine eigene Entscheidung gewesen. So konnte ich dem Ziel, das Sie hierher in die Berge geführt hat, am besten dienen. Entschuldigen Sie sich nicht dafür, dass Sie nicht erkannt haben, wer ich bin. Sie haben mich für jemand anders gehalten, weil ich das so beabsichtigt hatte.« Chandus weises Lächeln entsprach seinen Worten und seiner Ausstrahlung. Er sah aus wie ein Spiegelbild Buddhas.

Mir klapperten die Zähne, aber weniger vor Kälte, sondern weil ich erkannte, was für eine große Seele Chandu war. Und ich war so leichtfertig gewesen und hatte ihn wie einen beschränkten Träger behandelt. Dabei diente diese hoch entwickelte Seele einem wahrhaft göttlichen Zweck.

Ich war sprachlos.

Jeder Mensch besitzt Göttlichkeit und Größe. Wenn wir es versäumen, unseren Nächsten mit Respekt und Liebe zu begegnen, schneiden wir uns selbst von der Kraft ab, die unsere Hoffnung und unser Glück enthält. Ganz gleich, in welcher Verkleidung, ganz gleich, mit welcher Beschäftigung – auf einer tieferen Ebene sind wir alle Chandus. Wir tragen unser Leben auf einen höheren Gipfel, wir führen Menschen zu höheren Zielen und helfen der Welt, eine Ebene zu erreichen, auf der es alles, was gut ist, in unendlicher Fülle gibt.

Ich verneigte mich respektvoll und drückte Chandus Arm mit einer Dankbarkeit, die nur er verstehen konnte. Lange schaute ich ihn an. Ich sah die Welt durch seine Augen. Irgendwann lächelte er, nahm die Skibrille ab und gestattete mir damit Blickkontakt. Dann spiegelte er mir einen Lichtblitz ins Gesicht, und wir lachten beide. Chandu trieb seinen Esel an, und auch ich bestieg mein Reittier wieder.

»Lehrst du mich etwas über die Kräuter, Chandu?«, fragte ich.

»Ja, Sahib. Sehen Sie den Busch da? Das ist …« Er erklärte mir die Eigenschaften der Pflanzen, die praktisch jedes der Menschheit bekannte Leiden heilen konnten. Er behauptete sogar, durch die wunderbare Heilkraft verschiedener Kombinationen von Heilpflanzen könne man vielleicht Unsterblichkeit erreichen.

Nach einer langen, herzerfrischenden Unterhaltung fragte ich ihn: »Wie weit ist es noch bis nach Hemkund Sahib, Chandu?«

»Wir sind da, Sahib«, sagte er zu meiner Bestürzung und deutete auf eine flatternde orange Fahne, die aus der Ferne wie eine lodernde Flamme aussah.

Endlich hatte ich das Ziel erreicht, den heiligen Ort, an dem Menschen geheilt und Träume wahr werden, den Ort, der die reinen Wünsche und die Schlüssel zu ihrer Verwirklichung birgt.

Ich sprang von meinem Esel und verwurzelte mich im Moment. Ich wollte nicht, dass die Reise endete. Mittlerweile fühlte ich mich in den Bergen zu Hause, und ich war noch nicht bereit für das Ende. Ich konnte noch nicht loslassen.

»Als ich mein Sadhana beendete, wurde mir klar, dass es meine Bestimmung war, der Welt zu dienen«, sagte Chandu und brachte mich damit dem notwendigen Abschluss meiner Pilgerreise näher.

Seine Worte hauten mich um. Mit offenem Mund starrte ich ihn an. Selbstverständlich hatte auch er sein Sadhana praktiziert! Wie konnte es sein, dass mir das die ganze Zeit über nicht bewusst gewesen war?

»Ich habe meinen Pfad gewählt, um zu lauschen und zu rufen und um die Menschen, die Seelen, die darauf reagieren, zu führen. Dein Ziel jedoch liegt auf der anderen Seite des Berges, aber diese Partnerschaft wird uns beide in Verbindung bleiben lassen und dich weiterhin mit deiner Quelle verbinden.«

Ich hätte ihn gern umarmt und mein Herz mit seiner Unschuld gefüllt. Er war ein großes Wesen, das größte Wesen, das ich kannte. Aber er hatte sich absichtlich als Träger getarnt, um mich zu meiner eigenen Größe zu führen. Voll Bewunderung, Respekt und grenzenloser Liebe sah ich ihn an.

»Ihr Sadhana ist vorbei, Sahib, aber Sie brauchen es nicht enden zu lassen.« Erneut staunte ich über die Weisheit seiner Worte.

»Ich möchte ja auch nicht, dass es endet, Chandu. Aber falls ich das alles jemals vergessen sollte, werden die Götter mir vielleicht einen Ruf senden. Ich hätte nichts dagegen, wieder herzukommen.« Ich lächelte. Ja, ich wollte tatsächlich wiederkommen – noch viele Male.

»Die Götter sind wir selbst, Sahib. Die Götter, die Sie für Ihre Lebensumstände verantwortlich machen, sind den gleichen Weg gegangen, auf dem Sie sich jetzt befinden. Seit Sie Ihr Sadhana praktiziert haben, wissen Sie, dass Ihr Leben und Ihr Schicksal Ihre eigene Schöpfung waren, Ihre eigene, missgestaltete Schöpfung. Ihr bisheriges Leben war kein göttliches Spiel. Es war Ihr eigenes Spiel, und Sie haben es ganz falsch gespielt. Wenn Sie Ihrem wahren Selbst treu bleiben und in Übereinstimmung damit handeln, wird Ihr Leben ein erhörtes Gebet sein. Man wird über Sie sprechen, weil Sie ein Vorbild an Rechtschaffenheit und Güte sein werden. Man wird Sie zitieren, Sie bewundern und verehren, man wird Ihnen folgen und Ihnen zuhören. Und wenn Sie dieses ganze Leben damit verbringen, der Wahrheit, der Liebe und der Hoffnung zu dienen, wird man sogar zu Ihnen beten. Die Götter sind wir, Sahib. Sie selbst sind Gott.«

Meine Füße wuchsen in den Boden hinein. Mein Herz wurde unendlich weit. Eine Welle von Emotionen erfasste mich plötzlich, bildete erst einen Kloß in meiner Kehle, an dem ich beinahe erstickte, und floss mir dann als Tränenstrom aus den Augen heraus. Chandus Worte fanden in meiner Seele Widerhall und lösten ein plötzliches Erwachen aus – ich erkannte meine eigene Göttlichkeit. Ich weinte und weinte und konnte nicht aufhören zu weinen, bis nicht nur meine Augen gereinigt waren, sondern auch meine Seele.

Chandu ließ mir Raum. Er wartete auf seinem Esel, kaute Gras, spuckte Samen aus und betrachtete sein Spiegelbild in meiner Skibrille.

»Die Götter sind wir selbst«, flüsterte ich, als ich zu ihm hinüberging. Mit den sieben Berggipfeln im Hintergrund sah er tatsächlich wie ein Gott aus. Ich schaute ihm in die Augen. Ich wusste, dass ich ihn zitieren, bewundern und verehren würde, dass ich ihm folgen und ihm zuhören würde. Er war der Inbegriff der Güte, der Liebe und der Hoffnung. Und ja, ich wusste, dass ich sogar zu ihm beten würde.

»Es ist Zeit, Sahib.« Chandu lächelte und boxte mich spielerisch gegen den Arm.

Ruhig bestieg ich wieder meinen Esel. Chandu setzte die Skibrille auf, trieb seinen Esel an und ritt los. Er wirkte hocherfreut.

»» ««

Der Gurudwara Hemkund Sahib, das Heiligtum der Sikhs, das Ziel aller Hoffnungen und Träume, sah aus, als wäre es einem Märchen entsprungen. Das prächtige Gebäude war der perfekte Ort für einen Abschluss, für die Beendigung von Leiden und Unglück. Der Anblick war wahrhaft göttlich – die schneebedeckten Gipfel, nur undeutlich zu sehen, umgaben den Tempel. Den Hintergrund bildete dichter Schneedunst. Vor dem Gurudwara lag der Hemkund, das »mit Schnee gefüllte Becken«, ein See mit heiligem Wasser. In diesem Wasser spiegelten sich der Himmel und alle Wunder des Universums.

Der Gurudwara war vollkommen weiß und hatte ein spezielles fünfeckiges Dach. Darunter fanden die Pilger die Erfüllung, die sie suchten. Ringsherum waren orange und gelbe Gebetsfähnchen aufgespannt. Sie flatterten sanft im leichten Wind, der die Gebete der Menschen über die Berge trug. Vielleicht baten sie insgeheim um ihre Sadhanas?

Auf meinem Weg hier hinauf hatte ich zwar nicht viele Pilger gesehen, aber jetzt waren sie in großen Scharen um den Gurudwara herum versammelt. Die bunten Turbane der Sikhs erhöhten die magische Ausstrahlung des Ortes noch. Einige Pilger wagten es sogar, als Zeichen für den Sprung von der materiellen auf die spirituelle Ebene, in den eiskalten See zu springen. Kreischen, euphorisches Juchzen und leises Singen ließen erkennen, dass alle mit dem Ergebnis ihrer Pilgerfahrt hierher zufrieden waren.

Wenige Hundert Meter vom Gurudwara entfernt entdeckte ich einen Hubschrauber. Zuerst sah ich nur die Rotorblätter, weil die weißen Mauern den Rest verdeckten. »Jay«, sagte ich mir voller Freude. Ich wusste, dass er den Aufstieg hier herauf zeitlich nicht geschafft hätte, daher hatte er seine Kontakte zur Air Force genutzt, um herzukommen. Aber ich würde ihn später suchen. Zuerst wollte ich zum Gurudwara.

Am Tor hatte sich eine Menschenmenge versammelt. Die Berge warfen die Echos ihrer Gesänge zurück. Die grüne Paste auf meiner Stirn sorgte für Aufmerksamkeit, daher beschloss ich, sie im eisigen See abzuwaschen, statt in der nur langsam vorrückenden Schlange abzuwarten, bis ich an der Reihe war.

»Arjun.« Diesmal war die Stimme echt. Es war Jay, und ich war überglücklich, ihn zu sehen. »Ich war schon vor dir hier«, sagte er und wollte mich mit einem High Five begrüßen, stoppte aber entsetzt, als er die Wunden in meinem Gesicht sah. »Was ist passiert?« Seine Augen wurden groß vor Sorge.

»Ich bin gestürzt, nichts Ernstes. Das scharfkantige Geröll hat mir ins Gesicht geschnitten.« Ich versuchte, meine Verletzung herunterzuspielen.

»Tut's noch weh? Und was ist das für eine grüne Paste?«

»Es tut nicht weh.« Ich lächelte. »Chandu, mein Träger«, bei dieser Bezeichnung biss ich mir auf die Lippe, »ist Fachmann für Heilkräuter, und er hat mir diese Paste auf die Wunden gestrichen. Ich muss sagen, sie sind schneller zugeheilt, als es unter normalen Umständen möglich gewesen wäre.«

Jay gab sich mit meiner Antwort zufrieden und lächelte jetzt endlich. Behutsam, um mein Gesicht nicht zu berühren, nahm er mich in die Arme. Es war so schön, ihn hier zu haben. Er war mein bester Freund, und allein seine Anwesenheit ließ mir die ganze Umgebung vertraut erscheinen.

»Die Energie hier ist umwerfend«, sagte er. Er atmete tief und stieß mit jedem Ausatmen eine Dampfwolke aus.

Die Energie hier war tatsächlich umwerfend. Die schneebedeckten Bergketten, der schöne See, die Menschen, die Hoffnung und Mut mitbrachten – hier konnte man die Welt wirklich als vollkommen bezeichnen.

»Hat alles geklappt, was ich für dich organisiert

habe?«, erkundigte Jay sich, und als ich bejahte, fragte er: »Und wie war dein Aufstieg?«

»Er hat mein Leben verändert.« Ich lächelte.

Wir gingen zum Hemkund hinüber. Unter der Wärme des Himmels war der See stellenweise aufgetaut, und ich wusch mich mit dem heiligen Wasser. Ich spritzte es mir ins Gesicht, ohne die Kälte zu spüren, schüttelte dann wie ein nasser Hund den Kopf und lachte. Jay war verblüfft und schloss den obersten Knopf seiner Jacke. Offenbar fröstelte ihn, als er mich so mit dem eisigen Wasser spielen sah.

»Hier ist jemand für dich«, sagte er, während er mich weiter ein wenig misstrauisch beobachtete. Natürlich war sie da. Ich spürte es. Ich hatte meine verknoteten Wurzeln der Ignoranz zu mir zurückgezogen und sie tief in den Boden der Vernunft und der Wahrheit hineinwachsen lassen. Und indem ich meinen Raum freigemacht hatte, war auch ihr Raum frei geworden. Als das Gewicht meiner Unvernunft von mir abgefallen war, war auch sie von der Last befreit worden, die ich ihr damit auferlegt hatte.

Jay erwartete offensichtlich, dass ich ihn fragte, wer da sei. Doch ich brauchte nicht zu fragen. Wortlos entfernte ich mich und ging um den Gurudwara herum. Und da, auf der Rückseite, standen sie, meine Maya mit unseren beiden Töchterchen. Sie betrachteten die Berge, und Sarah und Sasha deuteten die Wolkenfiguren, die langsam über den Himmel wanderten.

Ich stand hinter Maya, während sie ganz in die Göttlichkeit des Gebirges versunken war. Von nun an würde ich immer hinter ihr bleiben und sie vor mir stehen lassen, damit sie all das Glück, das die Welt bot, aufnehmen konnte. Es war meine Welt, und Maya machte diese Welt vollkommen.

Als sie sich schließlich umdrehte, sahen wir uns zum ersten Mal seit viel zu langer Zeit in die Augen. Nach einer ganzen Weile hob sie die Hand und strich zärtlich über die Wunden in meinem Gesicht.

»Daddy!« Meine kleinen Töchter brachen das Schweigen und sprangen an mir hoch, was ihnen seit jeher Spaß machte. Nun hatte ich in jedem Arm ein kleines Mädchen, und meine Arme waren ebenso voll wie mein Herz. Sie überschütteten mich mit Küssen wie begeisterte junge Hündchen, und Maya schaute lächelnd zu.

»Das dürfen wir nicht aufgeben«, sagte sie, und ich zog sie mit in unser Freudenfest hinein.

Dann rannten die Mädchen mit Jubelrufen zu Jay hinüber, der am See die orange Fahne schwenkte. »Darf ich auch mal, Onkel Jay?«, rief Sasha.

»Ich wollte uns auch noch nicht aufgeben, Arjun«, sagte Maya und sah mich liebevoll an.

Ihre braunen Augen bargen meine ganze Welt. Und wie hatte ich mich danach gesehnt, diese Worte zu hören. Was hätte ich ohne Maya gemacht?

»Als du nach Hemkund Sahib aufgebrochen warst, habe ich eine merkwürdige Unruhe gespürt.« Beim Sprechen hielt sie sich an meinem Arm fest.

Ich lächelte – nicht über ihre Worte, sondern weil ich

verstand, aus welcher Quelle sie stammten. Aber Jay hatte Maya weder von meinem Unfall noch von den Gründen erzählt, die mich nach Hemkund Sahib geführt hatten, und im Moment hielt ich es nicht für notwendig, sie in meine unglaubliche Geschichte einzuweihen.

»Ich hatte angefangen, mich zu belügen«, fuhr sie fort. »Ich wollte mir einreden, dass ich ohne dich leben könnte, dass ich dich nicht brauchte. Ich wollte mir vormachen, dass ich deine Aufmerksamkeit nicht brauchte, um mich wichtig und geliebt zu fühlen. Ich hatte angefangen, so zu tun, als könnte unsere Familie auch ohne dich existieren. Das war falsch, Arjun. Und dass ich mich aus deinem Leben zurückgezogen und die Scheidung eingereicht habe, war auch ein großer Fehler.« Sie umarmte mich innig, ganz so wie früher in unseren guten Zeiten.

»Nach unserer Hochzeit wollte ich meinen Job aufgeben, denn ich habe dich so sehr geliebt, dass ich meine ganze Zeit darauf verwenden wollte, für dich da zu sein. Aber dann wurde mir klar, dass ich meine Arbeit noch mehr liebte. Meine Arbeit ist ein Teil von mir. In meiner Arbeit kann ich meine Kreativität zum Ausdruck bringen. Ich habe mir dann ein zweites Kind gewünscht, weil ich meine Leidenschaft für die Arbeit durch die Liebe zu einem weiteren Baby ersetzen wollte.« Maya begann zu weinen. »Aber dann wurde mir klar, dass ein Kind kein Ersatz für eine Leidenschaft ist, genauso wenig, wie eine Leidenschaft ein Kind ersetzen kann.«

Maya hielt meine Hand und sprach schluchzend weiter. »Ich wollte eine perfekte Ehefrau sein und alles tun, was eine perfekte Ehefrau tut, aber allmählich wurde mir bewusst, dass meine ganzen Anstrengungen in dieser Richtung bloß dazu führten, dass ich dir keine Freundin mehr war, dir nicht und mir selbst auch nicht. Und so bin ich als Ehefrau und als Freundin gescheitert. Ich wollte mich von dir scheiden lassen, weil ich gesehen habe, dass du meinetwegen allmählich immer unglücklicher wurdest, und ich wusste nicht, was ich dagegen tun sollte. Und weil ich die Ursache für deinen Kummer war, beschloss ich, dich zu verlassen. Es tut mir leid, dass ich dir das angetan habe.« Ganz fest umklammerte sie jetzt meine Hand.

Ich wischte ihr die Tränen ab. Es gab keinen Grund für ihre Bitte um Verzeihung. Es gab auch keinen Grund für ihre Entschuldigung. Maya hatte nur auf das reagiert, was ich getan hatte. Und da mein Karma nun aufgelöst war, hatten auch ihre Reaktionen auf meine früheren Handlungen keine Bedeutung mehr. Maya brauchte sich nicht zu entschuldigen, denn sie hatte sich die ganze Zeit über an mich angepasst. Ich war derjenige gewesen, der auf Irrwege geraten war. Und jetzt hatte ich diesen Berg aus dem Weg geräumt und war froh, dass Maya ihn auch aus ihrer Welt entfernt hatte.

Ich umarmte meine Frau und spürte wieder die gleiche Anziehungskraft, die mich bei unserem ersten Date so bezaubert hatte. Lag das an der Energie des Ortes oder an der Verbindung zweier großer Seelen, die gemeinsam ein höheres Ziel verfolgten? Ich vermochte es nicht zu sagen.

In jedem Fall aber war es ein Segen. Meine Welt war wieder heil. Ich hatte meine Welt geheilt.

»Ich will noch mehr Prasad. Das ist so lecker, Daddy!«, rief Sasha, die gerade wieder angerannt kam, und Sarah schloss sich ihrer Schwester an.

»Dann lasst uns in den Gurudwara hineingehen.« Ich küsste ihre Gesichter, bis sie blitzblank waren.

Als wir im Gurudwara standen, wurde uns bewusst, dass wir uns am Beginn einer neuen Ära befanden, am Beginn einer völlig offenen Zukunft. Diese Zukunft würde von all dem Guten und der göttlichen Kraft geprägt sein, die ich in mir spürte. Wir standen dort im Licht des Avatars von Lord Vishnu, der hier große Seelen versammelte, Seelen, die in seinen Plan passten. Die Mädchen machten sich über das köstliche Prasad her, und Maya half ihnen anschließend, ihre Hände und Münder wieder sauber zu machen. Ich ging wieder hinaus zu Jay, der unendlich glücklich zu sein schien.

»Als ich gerade los wollte, hat Maya mich angerufen«, erklärte er. »Sie meinte, sie könnte ihre Ehe nicht beenden. Etwas hätte sich verändert, hat sie gesagt. Sie könnte es nicht beschreiben, aber sie würde es spüren – ihr war, als sei die Vergangenheit geheilt, und sie hätte es daran gemerkt, dass sie nicht mehr traurig war. In den letzten beiden Tagen hätte sie sich geliebt und geborgen gefühlt, sagte sie, und diese Energie führte sie auf dich zurück. Dann hat sie mich gebeten, sie und die beiden Mädchen mitzunehmen, denn sie konnte es nicht erwarten, dich wieder zu

Hause zu haben. Frauen!« Jay verdrehte die Augen zum Himmel. »Gerade wenn man glaubt, man hätte sie endlich verstanden, stellen sie wieder alles auf den Kopf!«

Aber ich verstand Maya durchaus. Sie hatte auf mein Sadhana reagiert. Sie hatte darauf reagiert, dass ich die Verantwortung für mein Leben übernommen hatte. Sie war eine große Seele, weiter entwickelt, als ich es war. Ich hatte hierherkommen müssen, und erst nach dieser Pilgerreise war ich ihrer würdig. Erst jetzt war ich es wert, das Leben zu leben, das uns erwartete.

Wortlos standen wir voreinander. Mein Schweigen wurzelte in meiner Standfestigkeit, Jays Schweigen entsprang seiner Unruhe.

Plötzlich fuhr er herum. »Hast du das gehört?«, fragte er.

»Was denn?« Ich hielt den Blick unverwandt auf einen der Berggipfel gerichtet.

»Jemand hat meinen Namen gerufen. Ich habe ein dreifaches Echo gehört. Es war eine Männerstimme – vielleicht auch eine Frauenstimme.« Stirnrunzelnd blickte Jay sich um, aber niemand schien uns zu beachten.

»Da, wieder. Hast du das gehört?« Argwöhnisch sah er mich an.

Ich zuckte die Achseln.

»Vielleicht möchten Sie aus den Bergen hinunterreiten, Sahib?« Wie üblich war Chandu plötzlich aus dem Nichts aufgetaucht. »Der Berg ruft Sie. Zwischen Ihnen besteht eine Seelenverwandtschaft«, flüsterte er Jay zu, und ich lächelte wissend.

»Ja, vielleicht reite ich nach unten. Wenn der Ritt nach oben sein Leben wieder lebenswert gemacht hat«, Jay deutete auf mich, »dann tut der Ritt nach unten ja vielleicht für mich und mein Leben das Gleiche.«

Jay konnte nicht wissen, wie recht er hatte.

Chandu war schon damit beschäftigt, Jays Sachen auf den Esel zu packen. »Ihr vier fliegt mit dem Heli nach unten«, sagte Jay. »Maya will nicht durch die Berge hinunterreiten.«

Maya hatte es auch nicht nötig, durch die Berge zu reiten. Sie gehörte zu den guten Seelen, die schon auf dem rechten Weg sind und nicht aus ihrem Alltag herausgeholt werden müssen, damit sie ihre Richtung ändern.

»Wir treffen uns in Bombay«, sagte Jay. Die Aussicht auf sein Abenteuer auf dem exzentrischen Esel begeisterte ihn.

»Warte!«, rief ich Chandu zu. Er bepackte gerade seinen eigenen Esel. Ich konnte mich nicht einfach so von ihm trennen, schließlich hatte ich ihm meinen spirituellen Aufbruch zu verdanken. Ich rannte zu ihm hin.

»Möchten Sie Ihre Brille wiederhaben?«, fragte er erschrocken.

»Nein.« Ich lächelte. »Behalte die Brille, du weise Seele.« Liebevoll berührte ich seine Wange und strich ihm über den Kopf. Wie sollte ich mich jemals von ihm trennen? Chandu hatte mich zum Lachen gebracht, er hatte mich dazu gebracht, meine mentale Gewaltbereitschaft zu entdecken, und mir gleichzeitig die Ruhe gegeben, sie zu bekämpfen. Er hatte mir meine innere Standfestigkeit bewusst gemacht und mir den Weg zu meinem Frieden gezeigt. Solche Dinge tun Freunde füreinander. Und das war Chandu für mich gewesen, ein wunderbarer Freund. Er hatte mich als Gefährte in meiner spirituellen Entwicklung begleitet und war mir ein guter Gott gewesen.

Jetzt strahlte er vor Stolz.

»Ich würde ja zu gern wissen, wie lange du schon achtzehn bist«, sagte ich.

»Oh, eine lange Zeit, Sahib«, erwiderte er verschmitzt.

Ich schlug mir mit der flachen Hand gegen die Stirn und lachte. Dann winkte ich Jay zu und wandte mich zum Gehen.

»Sahib«, rief Chandu mich zurück. »Haben Sie nicht etwas vergessen?« Er deutete auf eine Stange, die hinter ihm stand.

Unter den Schichten meiner Kleidung bekam ich Gänsehaut. An der Stange flatterte ein ganzes Bündel von violetten Bändern.

»» ««

»Rennen, rennen, rennen,
Immerzu rennen.«

In der eisigen Kälte war der leise Singsang einer Männerstimme zu hören.

»Zufall das Leben,
Zufall der Tod.
Umnachtung
An beiden Polen.
Für das Leben verloren,
Für den Tod verloren.
Unwissen siegt,
Ohne Wiedergutmachung.
Wach auf,
Befreie dich,
Diese Realität
Ist eine Illusion.«

Dank

Priyanka, du bist ein zweites Ich. Danke für alles, was du tust. Danke, dass du Teil meiner Familie und meines Lebens bist.

Danke, Sohin, dass du für mein Schreiben stets eine Quelle der Ermutigung bist.

Danke, Geoffrey West, für die Überarbeitung, die meinem Buch den richtigen Pfiff gibt. Ich weiß Ihr Engagement sehr zu schätzen.

Danke, Sonal, für deine Kreativität und das Design. Du bist wirklich begabt.

Danke, Manali, für deine positive Haltung.

Danke, Sudhir und Mahavir, dass ihr das Buch auf seinem Weg ins Leben so unermüdlich unterstützt habt.

Und ein Dankeschön an Coco ji, meinen siebenjährigen YorkshireTerrier, weil er mich unterhält und fröhlich macht, ganz gleich, wie hart oder herausfordernd der Tag auch sein mag.